CAÓTICA

Administración y marketing en tiempos de caos

PHILIP KOTLER
Y
JOHN A. CASLIONE

Traducción de
Affán Buitrago

GRUPO
EDITORIAL
norma

Bogotá, Barcelona, Buenos Aires, Caracas, Guatemala,
Lima, México, Panamá, Quito, San José,
San Juan, Santiago de Chile, Santo Domingo

Kotler, Philip
    Caótica : administración y marketing en tiempos de caos / Philip
Kotler, John A. Caslione ; traductor Affán Buitrago. -- Bogotá : Grupo
Editorial Norma, 2010.
    256 p. ; 23 cm. -- (Gerencia)
    Título original : Chaotics, Managing and Marketing in Ages of
Turbulence.
    ISBN 978-958-45-2558-1
    1. Análisis de mercadeo 2. Planificación del mercadeo 3. Segmentación
del mercado 4. Planificación estratégica 5. Administración de mercadeo
I. Caslione, John A. II. Buitrago, Affán, tr. III. Tít. IV. Serie.
658.83 cd 21 ed.
A1246586

    CEP-Banco de la República-Biblioteca Luis Ángel Arango

Título original:
CHAOTICS
The Business of Managing and Marketing in the Age of Turbulence
de Philip Kotler y John A. Caslione
Publicado por Amacom
una división de American Management Association
1601 Broadway, New York, NY 10019.
Copyright © 2009 por Philip Kotler y John A. Caslione

Copyright © 2010 para Latinoamérica
por Editorial Norma S. A.
Avenida Eldorado No. 90-10, Bogotá, Colombia.

www.librerianorma.com

Impreso por Worldcolor
Impreso en Colombia - *Printed in Colombia*
Marzo de 2010

Edición, Fabián Bonnett Vélez y Juan Sebastián Sabogal Jara
Diseño de cubierta, José Alejandro Amaya Rubiano
Ilustración de cubierta, Shutterstock / Shukaylov Roman
Diagramación, Andrea Rincón Granados

Este libro se compuso en caracteres Bembo

ISBN: 978-958-45-2558-1

Para todos los estudiantes de maestría en administración de empresas, y específicamente para los de la Escuela de Gerencia de la Northwestern University, a quienes hemos entrenado para funcionar en el turbulento mundo de los negocios, en el cual reinan el riesgo y la incertidumbre, los cuales sin embargo pueden ser manejados con perspicacia y preparación.

Philip Kotler

Para mi luz orientadora, Donatella: mi amiga más apreciada y mi socia más dedicada en todo lo que hago en mi vida, y a quien con tanto orgullo llamo mi bella, adorable y talentosa esposa, por su paciencia sin límites y su invariable compromiso conmigo. Ella me ha inspirado a escribir los exigentes capítulos de este libro y a escribir los más inspirados y gozosos capítulos de mi vida.

John A. Caslione

CONTENIDO

PREFACIO

Cuando en el 2008 se presentó el colapso financiero en los Estados Unidos, cuyas semillas habían sido sembradas mucho antes, clientes y amigos nos preguntaban: "¿Qué tan hondo será?, ¿cuánto durará?". Querían saber si iba a ser una breve recesión, una muy profunda, o incluso una gran depresión. Cuando se le hizo la misma pregunta en octubre del 2008, Gary Becker, premio Nobel de Economía, respondió: "Nadie lo sabe. Yo por lo menos no lo sé". El mensaje: No confíen en los economistas que dicen saber.

Lo cierto es que estamos entrando en una nueva era de turbulencia y, más aún, de acentuada turbulencia. En su libro *The Age of Turbulence*, publicado en el 2007 por Penguin Press, Alan Greenspan describe sus diversas experiencias como presidente de la junta directiva de la Reserva Federal y uno de los hombres más poderosos del mundo. Greenspan tuvo que lidiar con una gran cantidad de perturbaciones y choques económicos, frente a los cuales el único recurso era arreglárselas como se pudiera y rezar. Tuvo que confrontar muchos de los mayores problemas enfrentados por los Estados Unidos, tales como los crecientes déficits comerciales y la financiación de las jubilaciones, mientras atendía también la función propia de la Reserva Federal que es la regulación gubernamental.

El mundo está hoy más interconectado y es más interdependiente de lo que estuvo nunca antes. La globalización y la tecnología son las dos fuerzas principales que determinaron un nuevo nivel de *fragilidad interconectada* en la economía mundial. La globalización significa que los productores de un país están importando cada vez más recursos de otros países y exportando cada vez más su producción. La tecnología —en forma de computadores, Internet y teléfonos móviles— permite que la información circule por el mundo a la velocidad del rayo. La noticia de un descubrimiento pionero, un escándalo corporativo o la muerte de una figura destacada se oye por todo el mundo. La buena nueva es que los costos son menores, pero la mala es la creciente vulnerabilidad. La contratación externa ha tenido siempre sus defensores y sus críticos. Mientras que, en las buenas épocas, la interdependencia global funciona en favor de todos, también expande rápidamente daños y perjuicios en las malas.

Pero, ¿qué es la turbulencia? Sabemos lo que es cuando ocurre en la naturaleza. Produce estragos en forma de huracanes, tornados, ciclones o maremotos. De vez en cuando la sentimos en el aire, cuando un piloto nos pide ajustarnos los cinturones. En todos esos casos, desaparece lo estable y lo predecible; y en su lugar nos vemos empujados, halados y golpeados por fuerzas conflictivas e incansables. A veces la turbulencia dura tanto que hunde toda la economía en una contracción, una recesión o incluso una depresión prolongada.

La turbulencia económica nos produce el mismo impacto que la turbulencia de la naturaleza. En cierto momento supimos que en Miami estaban construyendo más condominios que los que estaban comprando. Los especuladores asumían el riesgo y tenían dificultades para cumplir con los plazos de pago. Oímos decir que hay familias que han comprado sus casas con préstamos NINA (*no income, no assets*), es decir, sin ingresos ni activos que los respalden. Ahora no pueden pagar sus cuotas hipotecarias y enfrentan ejecuciones judiciales. Los bancos empiezan a darse cuenta de que tienen activos morosos que deben convertir en valores, y vacilan en hacer más préstamos, ya sea a clientes o a otros bancos. Los clientes escuchan esto y pasan de gastar a crédito a ahorrar, y logran que compañías que venden automóviles, muebles y otros artículos "aplazables" vendan mucho menos. Estas compañías, a su turno, anuncian grandes despidos de personal, que resultan en menos poder adquisitivo disponible de parte de los clientes. Mientras tanto, las compañías demoran sus compras de otras compañías, lo que no les conviene a sus proveedores, quienes, a su vez, despiden trabajadores.

En estos tiempos difíciles, las compañías tienden a hacer recortes a todo nivel. Reducen profundamente sus presupuestos para desarrollo de nuevos productos y para marketing, lo cual perjudica su recuperación en el corto plazo y su futuro a largo plazo. Clientes, trabajadores, productores, banqueros, inversionistas y otros actores económicos sienten que están viviendo dentro de un enorme huracán, un remolino imparable e incansable.

Se espera que esta turbulencia no dure mucho. En el pasado, ha durado poco. No ha sido el estado normal de la economía. Es cierto que las economías regresan a menudo a condiciones "normales", pero en esta nueva era, la turbulencia, a diversos niveles, se convierte en una condición esencial. Un determinado país puede ser azotado por la turbulencia, como lo experimentó Islandia en el 2008 cuando sus bancos se declararon en bancarrota. Una determinada industria —la de la publicidad, por ejemplo— puede ser azotada por la turbulencia, a medida que las compañías pasan su dinero de los comerciales de televisión de 30 segundos a nuevos medios como los portales de Internet, el correo electrónico, los *blogs* y los *podcasts*. Algunos mercados pueden ser turbulentos, como el mercado de bienes raíces o el de automotores. Finalmente, determinadas compañías, como General Motors, Ford, y Chrysler pueden ser golpeadas fuertemente por la turbulencia, mientras otras —Honda o Toyota, por ejemplo— pueden ser menos golpeadas.

El hecho de que una determinada compañía pueda estar viviendo bajo condiciones de turbulencia y, que si esta dura lo bastante, de recesión, ha sido subrayado por Andy Grove en su conocido libro *Only the Paranoid Survive* (Currency Doubleday 1999). Como ex director ejecutivo de la compañía Intel, Grove tuvo que lidiar con toda clase de amenazas contra la preeminente posición de Intel en el negocio de fabricación de chips para computadores. Sólo se necesitaba un competidor ágil, que sacara al mercado un chip superior a un precio inferior, para tumbar a Intel. Grove tuvo que vivir con la incertidumbre. Intel tuvo que armar un sistema de alarma temprana que le revelara señales de inminentes problemas. Tuvo que crear diferentes escenarios de "qué sucede si..." y tuvo que planear de antemano diferentes reacciones a diferentes escenarios en caso de que ocurrieran.

Grove tuvo que crear un sistema que lo asegurara contra riesgos y reaccionara frente a la incertidumbre. Nosotros tenemos un nombre para tal sistema. Lo llamamos Caótica. Todas las compañías tienen que convivir con el riesgo (que puede medirse) y con la incertidumbre (que no puede medirse). Tienen que armar un sistema de alarma temprana, un sistema para armar escenarios y un sistema rápido de respuesta, para administrar y mercadear durante recesiones y otras condiciones turbulentas. Sin embargo, lo que hemos visto es que la mayoría de las compañías operan sin un sistema Caótica. Sus defensas están desperdigadas y son insuficientes. Motorola no tiene un sistema Caótica. General Motors tampoco, ni lo tienen muchísimas otras compañías en los Estados Unidos, Europa, Asia y en mercados alrededor del mundo.

La mayoría de las compañías operan bajo el supuesto de un equilibrio inherente y autorrecuperable. Los economistas arman la teoría del precio con el equilibrio en mente. Cuando hay sobreoferta, los productores bajan sus precios, las ventas aumentan, y así se absorbe la sobreoferta. Inversamente, si hay escasez, los productores suben sus precios al nivel que pueda equilibrar demanda y oferta. Prevalece el equilibrio.

Nosotros postulamos que la turbulencia, y especialmente una acentuada turbulencia, con su consecuente caos, riesgo e incertidumbre, es ahora la condición normal de industrias, mercados y compañías. La turbulencia es la *nueva normalidad*, señalada por rebotes periódicos de prosperidad y pobreza — incluyendo prolongadas contracciones equivalentes a recesión e incluso a depresión. Y la turbulencia tiene dos grandes efectos: uno es el de la vulnerabilidad, contra la cual las compañías necesitan una armadura defensiva, y el otro es el de la oportunidad, que debe ser aprovechada. Las malas épocas son malas para muchos y buenas para algunos. La oportunidad se da cuando una compañía fuerte puede arrastrar con los negocios de un competidor o incluso comprarlo a precios de ganga. La oportunidad está presente cuando una compañía no recorta costos esenciales pero todos sus competidores lo hacen.

Si tenemos razón, las compañías necesitan un sistema Caótica para lidiar la incertidumbre. Esbozaremos un sistema de ese tipo y lo ilustraremos con casos de compañías que han sido victimizadas por el caos resultante de la turbulencia y por otras compañías que sacaron ventaja del caos. Esperamos que *Caótica* le sirva para llevar a su compañía a maniobrar, desempeñarse adecuadamente y prosperar en la nueva era a la que hemos entrado: *la era de la turbulencia*.

Philip Kotler
John A. Caslione
Caótica: administración y marketing en tiempos de caos
www.chaoticsstrategies.com

Enfrentar
los nuevos desafíos

¿DE QUÉ TRATA este libro? Quienes manejan empresas tienen una cierta opinión del mundo y un cierto conjunto de prácticas para enfrentar los cambios que se esperan en el mercado. Su opinión, expresada en los términos más sencillos, es que las épocas son normales como precursoras de crecimiento continuado y prosperidad sostenida, o débiles, como precursoras de menos demanda y de posible recesión. Las empresas usan un manual de juego diferente para lidiar con cada una de esas condiciones del mercado. En tiempos normales, compiten con una mezcla de jugadas ofensivas y defensivas, pero no es probable que ganen mucho. En períodos desenfrenados, ven nuevas oportunidades por todas partes. Invierten y gastan sin medida para agarrar lo que puedan. En tiempos de recesión, las empresas recortan gastos e inversión para asegurar su supervivencia.

Este modo de ver dos condiciones subyacentes del mercado y los consiguientes dos manuales para orientar la firma están, sin embargo, pasados de moda. Existen condiciones del mercado más allá de esas dos condiciones básicas, y estas condiciones pueden súbitamente cambiar, de una a otra, e incluso a otra. Un día ocurre un ataque terrorista como el del 11 de septiembre, otro día un huracán como Katrina. Un día hay un pánico sobre hipotecas e incumplimientos que llevan a un colapso del sistema financiero mundial. Hoy día ocurren más frecuentemente grandes choques como resultado de una economía global cada vez más interconectada que sostiene grandes flujos de comercio y de información.

Los choques sobrevienen en todas las formas y tamaños. En muchas partes del mundo, a través de muchas industrias, están sucediendo cosas importantes que son apenas medio percibidas, si acaso, y ciertamente no se miden sus implicaciones. Pueden ser dos personas en un garaje que arman un nuevo adminículo llamado computador personal. Puede ser un tipo llamado Jeff Bezos que inicia una nueva empresa por Internet bajo el nombre de Amazon, u otro tipo llamado Steve Jobs que arma un iPhone. Podría ser un tipo que sueña con bonos de alto rendimiento u otro que desarrolla la idea de convertir hipotecas en valores. Si las industrias de computadores, del libro, de la música y la financiera hubieran detectado a esos visionarios, hubieran reaccionado más pronto para proteger su terreno o aprovechar nuevas oportunidades.

Los líderes empresariales necesitan un nuevo modo de ver el mundo y un nuevo marco de referencia para enfrentarlo. Según este nuevo modo de ver las cosas, el cambio está ocurriendo todo el tiempo. Puede sobrevenir rápidamente desde cualquier rincón del mundo y afectar cualquier compañía con un gran impacto. Esta es la forma de ver hacia la cual nos llamó por primera vez la atención Peter Drucker en su libro *The Age of Discontinuity*[1], la que Andy Grove articuló en su libro *Only the Paranoid Survive*[2], la que el ex jefe de la Reserva Federal, Alan Greenspan, articuló en *The Age of Turbulence*[3] y la que Clayton Christensen trató en su libro *Business Innovation and Disruptive Technology*[4].

También nosotros opinamos que hoy hay mucho más riesgo e incertidumbre en los asuntos de negocios que nunca antes, provenientes de innovaciones perturbadoras y de grandes choques inesperados. Los líderes empresariales han vivido siempre con algún riesgo e incertidumbre, y toman los seguros necesarios cuando es posible para atemperar el daño, pero hoy en día la velocidad del cambio y la magnitud de los choques son mucho más grandes que épocas pasadas. Esto no era lo normal en el pasado. Esta es la nueva normalidad. Va más allá de la innovación perturbadora para incluir grandes choques.

¿Cómo van a hacer los líderes empresariales para enfrentar esto? Puesto que deben administrar durante tiempos de mayor turbulencia, necesitan un sistema para tomar mejores decisiones. Necesitan un marco de referencia gerencial y un sistema para lidiar el caos. Necesitan un *sistema de administración* Caótica.

Parece que virtualmente en cualquier parte del mundo donde se encuentren líderes empresariales y gubernamentales, estos tienen la sensación de que *esta vez es diferente,* aunque no puedan expresar con precisión que es lo que lo hace diferente. Pero como usted lo verá en el capítulo uno, esos mismos líderes aceptan y reconocen inmediatamente, cuando se lo explicamos, que están entrando en una *nueva normalidad,* una en la que las épocas de dos ciclos —uno hacia arriba y otro hacia abajo— ya no existen ni se verán en el futuro predecible. Esos líderes se dan cuenta de que hemos entrado en una era de constante y continua turbulencia y de acentuado caos. Esta comprensión va con frecuencia acompañada de una sensación de alivio cuando ven que ahora pueden explicarse lo que han venido sintiendo, y del temor de que el ciclo ascendente tradicional pueda no volver a presentarse — al menos como lo hacía en el pasado.

Esta es la razón de que hayamos escrito *Caótica*.

En el capítulo uno, identificaremos los diversos factores que producen esta acentuada turbulencia que exige a los líderes empresariales que reinventen su modo de pensar, para adoptar nuevos comportamientos estratégicos con el fin de minimizar las vulnerabilidades y aprovechar las oportunidades de la nueva normalidad.

En el capítulo dos, explicaremos por qué los errores cometidos por líderes empresariales en los pasados ciclos descendentes, aunque no ayudaron propiamente a sus empresas, en esta nueva era serán, no solo perjudiciales sino fatales para una empresa que no sea capaz de realizar los ajustes necesarios.

En el capítulo tres, presentaremos *el sistema de administración* Caótica, que suministra una hoja de ruta para que los líderes empresariales hagan la transición requerida en sus organizaciones, incluyendo la adición de nuevos procesos internos, indispensables para funcionar con éxito y entender mejor los hechos que ocurren en torno suyo y enfrentarlos adecuadamente. Al dar orientación en el desarrollo de sistemas de alarma temprana para detectar turbulencia en el entorno y armar escenarios y estrategias para lo que se prevea, *Caótica* ofrece un nuevo y robusto músculo organizacional para sortear los acentuados niveles de turbulencia y caos con decisión y rapidez.

En el capítulo cuatro, describiremos los nuevos comportamientos estratégicos necesarios para que cada función gerencial clave en la organización mejore su desempeño a corto plazo sin arriesgar su desempeño a mediano y largo plazo.

En el capítulo cinco, suministraremos un mapa integral de ruta para mostrar cómo pueden las compañías aguzar y fortalecer sus estrategias de marketing y ventas en épocas turbulentas, incluso cuando hay presión para recortar presupuestos en esas áreas y para echar las bases de un futuro más sólido y prolongado, con una clientela más grande y más leal.

Y finalmente, en el capítulo seis, esbozaremos lo que los líderes empresariales pueden hacer para equilibrar adecuadamente las exigencias de corto plazo con las de mediano y largo plazo, para preservar y construir compañías exitosas y prosperar durante muchos años en el futuro.

Confiamos en que *Caótica* les dará a los líderes empresariales nuevas perspicacias esenciales, nuevas perspectivas, y un nuevo sistema —que incluye una serie de comportamientos y herramientas estratégicos— para navegar con éxito las impredecibles e inciertas aguas de esta nueva era, *la era de la turbulencia.*

El mundo ha entrado en un nuevo escenario económico: de la normalidad a la turbulencia

La prosperidad es un buen maestro; la adversidad uno mejor.
—William Hazlitt (1778-1830)

EL MUNDO HA entrado en una nueva etapa económica. Las economías nacionales están ahora íntimamente conectadas e interdependientes. El comercio se conduce con flujos de información que se mueven a la velocidad de la luz, a través de Internet y de teléfonos móviles. Esta nueva etapa confiere beneficios maravillosos al reducir costos y acelerar la producción y entrega de bienes y servicios, pero también tiene su lado oscuro, uno que eleva sustancialmente los niveles de riesgo e incertidumbre que enfrentan productores y consumidores. Un suceso o cambio en las circunstancias de un determinado país —ya sea una quiebra bancaria, una crisis en el mercado bursátil o de bienes raíces, un asesinato político o un incumplimiento de pagos— puede extenderse a muchos otros países y producir una turbulencia masiva, que hace girar todo el sistema hacia resultados totalmente imprevistos.

Las entregas no llegan a tiempo, los bancos dejan de prestar y empiezan a exigir que se les pague, los patronos despiden trabajadores y las economías inician una espiral descendente. Las compañías toman decisiones más cautelosas. Aplazan el desarrollo de nuevos productos, reducen sus presupuestos de marketing y publicidad. La prudencia aconseja adelgazarse, sobrevivir en el corto plazo y desinvertir en el largo. El gran economista John Maynard Keynes observaba que, a la larga, todos estaremos muertos.

Eventualmente, las condiciones tocan fondo, tras una multitud de bancarrotas, ejecuciones hipotecarias y empleos e ingresos perdidos. De alguna manera las necesidades básicas y las medidas gubernamentales pueden ponerle piso a las pérdidas y las cosas empiezan a parecer un poco mejores. La turbulencia y el pesimismo se ven reemplazados por cierta estabilidad y renovada confianza. Al apostarle a una recuperación, algunas compañías buscan mayores oportunidades e inversiones. Todo esto se parece al clásico ciclo mercantil de subidas y bajadas, en el cual, tras la sobreexpansión viene la subsiguiente baja en la inversión antes de regresar a la normalidad.

Pero incluso cuando retorna la normalidad a la economía, no lo hace en toda industria o mercado o determinadas compañías. En épocas normales, se presenta incansable y continuamente demasiada competencia. La industria automovilística de los Estados Unidos está sufriendo una perfecta tempestad de altos costos en atención a la salud de los trabajadores y enormes obligaciones pensionales, al tiempo que baja la demanda de sus productos, que por décadas han sido vistos como menos atractivos que los de competidores extranjeros. La industria de las aerolíneas comerciales se distingue por excesiva capacidad y es probable que experimente una mayor consolidación. Incluso sin el colapso financiero global, la época puede ser muy turbulenta para determinadas industrias y organizaciones.

La turbulencia significa siempre un incremento en el riesgo y en la incertidumbre. El término riesgo se usa para describir la incertidumbre que puede ser calculada y para la cual se pueden comprar seguros. Sin embargo, siempre existe un riesgo que no puede calcularse y que enfrentan quienes toman decisiones en las compañías. Frente a la incertidumbre, en vez de buscar maximizar sus rendimientos, las compañías toman decisiones de minimizar el riesgo para poder sobrevivir si ocurre lo peor.

El National Intelligence Council de los Estados Unidos publicó en el 2008 un informe titulado *Global Trends 2025: A Transformed World*. Su objetivo era estimular a pensar estratégicamente sobre el futuro, identificando las tendencias clave, los factores que las impulsan, hacia donde parecen dirigirse y como pueden interactuar. Utilizaba una serie de escenarios para ilustrar algunas de las muchas maneras como los impulsores examinados en el informe (por ejemplo, la globalización, la demografía, el surgimiento de nuevas potencias, la decadencia de instituciones internacionales, el cambio climático, y la geopolítica energética) pueden interactuar para generar desafíos y oportunidades, para futuros líderes empresariales y tomadores de decisiones. *Global Trends 2025* no es un pronóstico de lo que ha de venir la próxima década y después sino una descripción de los impulsores y desarrollos que probablemente determinarán los sucesos mundiales[1].

Leer el informe refuerza todavía más el argumento de que, en el futuro predecible, el mundo enfrentará continuas perturbaciones, turbulencia, caos y violencia. Estos factores impactarán los negocios en todo el mundo, directa e indirectamente, creando un entorno con el cual tendrán que vérselas los líderes empresariales si sus compañías han de seguir siendo viables en el largo plazo.

Tal fue el caso de India durante tres terroríficos días, a finales de noviembre del 2008, cuando fundamentalistas islámicos armados lanzaron un prolongado ataque nocturno sobre Mumbai, la extensa y poblada capital empresarial del país, que tiene más de 18 millones de habitantes. La increíble escala y audacia del asalto fue asombrosa. Bandas de jóvenes bien armados atacaron dos hoteles de lujo, un restaurante, una estación ferroviaria, un centro judío y al menos un hospital. El fuego y las explosiones se dieron a través de Mumbai, dejando 179 muertos y más de 300 heridos, entre ellos varios extranjeros provenientes de los Estados Unidos, Japón y Gran Bretaña, y el jefe antiterrorista de Mumbai. Cerca de 100 rehenes, escogidos entre estadounidenses y británicos, fueron retenidos dentro de un hotel[2].

Los ataques parecían incrementar las tensiones en una región ya bastante volátil. Por ser uno de los países miembros del BRIC (Brasil, Rusia, India y China, un término acuñado en el 2001 por el jefe de investigaciones globales de Goldman Sachs, Jim O'Neill), India estaba a punto de superar décadas de estancamiento económico antes del asalto terrorista. El país no había sido ajeno a ataques terroristas en años recientes, pero se había recuperado de casi todos ellos y permanecido en su acelerada ruta económica. Pero desgraciadamente, como el mundo globalizado se caracteriza ahora por una fragilidad interconectada, que transmite la noticia del caos, viral e instantáneamente a través de una red global de información, India, y posiblemente toda esa región de Asia, puede retroceder. Después de todo, las empresas extranjeras son reacias a exponer su gente y sus inversiones al peligro.

Como se resume en las figuras 1-1 y 1-2, hay muchas razones para esa incertidumbre ascendente que acarreará nuevos y crecientes desafíos para los líderes empresariales en las próximas dos décadas.

En la próxima década, y más allá, de acuerdo con *Global Trends 2025,* podemos prever creciente turbulencia alrededor del mundo, rápidos cambios en el liderazgo político en los mercados emergentes, grandes cambios de política, crecientes conflictos

CERTIDUMBRES RELATIVAS	POSIBLE IMPACTO
Está surgiendo un sistema global multipolar, con el ascenso de China, India y otros países. El poder relativo de actores no estatales —empresas, tribus, organizaciones religiosas e incluso redes criminales— también se incrementará. El cambio sin precedentes en riqueza y poder económico comparables, de Occidente a Oriente, que está ocurriendo ahora, continuará. Los Estados Unidos seguirán siendo el país individualmente más poderoso, pero será menos dominante.	Hacia el 2025 ya no existirá una sola "comunidad internacional", compuesta de estados nacionales. El poder estará más disperso y nuevos actores aportarán nuevas reglas al juego, mientras crecerán los riesgos de que las alianzas tradicionales de Occidente se debiliten. En vez de emular los modelos occidentales de desarrollo político y económico, más países pueden verse atraídos por el modelo alternativo chino. A medida que algunos países invierten más en su bienestar económico, pueden aumentar los incentivos hacia la estabilidad geopolítica. Sin embargo, la transferencia está fortaleciendo Estados como Rusia, que desean desafiar el orden occidental. Las decrecientes capacidades económicas y militares pueden forzar a los Estados Unidos a difíciles trueques entre las prioridades nacionales y las de política exterior.
El continuo crecimiento económico —junto con 1,2 billones más de habitantes en el 2025— presionará los recursos hídricos, energéticos y alimenticios.	El ritmo de innovación tecnológica será la clave de los resultados durante este periodo. Todas las tecnologías actuales son inadecuadas para reemplazar la arquitectura energética tradicional en la escala requerida.

CERTIDUMBRES RELATIVAS	POSIBLE IMPACTO
El número de países con poblaciones juveniles en el "arco de inestabilidad" disminuirá, pero se espera que las poblaciones de varias naciones rebosantes de jóvenes continúen sus trayectorias de crecimiento rápido.	A menos que cambien dramáticamente las condiciones de desempleo en países precarios llenos de gente joven, como Afganistán, Nigeria, Pakistán y Yemen, estos seguirán estando maduros para la inestabilidad y el fracaso estatal.
Se incrementará el potencial de conflicto, debido a los rápidos cambios en partes del Oriente Medio y a la expansión de capacidades mortíferas. No es probable que desaparezca el terrorismo para el año 2025, pero su atractivo puede mermar si el crecimiento económico continúa en el Oriente Medio y el desempleo juvenil se reduce. En el caso de los terroristas actualmente activos, la difusión de tecnologías pone peligrosas capacidades a su alcance.	La necesidad de que los Estados Unidos actúe como equilibrador regional en el Oriente Medio aumentará, aunque otros poderes externos —Rusia, China, India— desempeñarán papeles más importantes que hoy. Las oportunidades de ataques terroristas masivos que utilicen armas químicas, biológicas y, menos probablemente, nucleares, aumentarán a medida que se expanden los programas de tecnología (y posiblemente de armamentos). Las consecuencias prácticas y psicológicas de tales ataques se intensificarán en un mundo cada vez más globalizado.

Figura 1-1 *Tendencias globales 2025: certidumbres relativas y su posible impacto.*

INCERTIDUMBRES CLAVES	POSIBLES CONSECUENCIAS
Que pueda completarse una transición energética que abandone petróleo y gas —apoyada por un mejor almacenamiento de energía, biocombustibles y carbón limpio— durante el marco temporal del 2025. Qué tan rápidamente ocurra el cambio climático en los lugares donde su impacto es más pronunciado. Que el mercantilismo protagonice un retorno y los mercados globales entren en recesión.	Debido a los más altos precios del petróleo y del gas, los grandes exportadores como Rusia e Irán aumentarán sus niveles de poderío nacional, pues el producto nacional bruto de Rusia se aproximará al del Reino Unido o al de Francia. Un descenso sostenido de precios, tal vez apuntalado por un desplazamiento fundamental hacia nuevas fuentes de energía, podría disparar una decadencia de largo plazo para los productores como actores mundiales y regionales. Es probable que el cambio climático exacerbe la escasez de recursos (especialmente de agua). El descenso a un mundo de nacionalismo de recursos aumenta el riesgo de confrontación entre grandes potencias.
Que se den avances hacia la democracia en China y Rusia.	El pluralismo político se ve menos probable en Rusia, a falta de diversificación económica. Una creciente clase media incrementa las oportunidades de liberalización política y posiblemente mayor nacionalismo en China.

INCERTIDUMBRES CLAVES	POSIBLES CONSECUENCIAS
Que los temores regionales sobre un Irán armado nuclearmente disparen una carrera armamentista y una mayor militarización.	Algunos episodios de conflictos de baja intensidad y terrorismo que ocurran bajo un paraguas nuclear podrían llevar a una imprevista escalada y un conflicto más amplio. Es probable que aumente la turbulencia en la mayoría de escenarios. Una resurgencia del crecimiento económico, un Irak más próspero y la resolución del conflicto árabe-israelí podrían producir cierta estabilidad a medida que la región lidia con un Irán que se fortalece, y se da una transición global del petróleo y del gas a otros recursos. Una integración exitosa de las minorías musulmanas en Europa podría expandir el tamaño de las fuerzas de trabajo productivas y evitar crisis sociales. Una falta de esfuerzos por parte de Europa y Japón para mitigar los desafíos demográficos podría llevar a deterioros de largo plazo. Las potencias emergentes muestran ambivalencia hacia instituciones globales como Naciones Unidas y el FMI, pero esto podría cambiar a medida que se convierten en actores más importantes en el escenario global. La integración asiática podría llevar a instituciones regionales más potentes. La OTAN confronta difíciles retos por crecientes responsabilidades fuera de su área, a medida que declina la capacidad militar europea. Las alianzas tradicionales se debilitan.
Que el gran Oriente Medio llegue a ser más estable, especialmente si Irán se estabiliza y el conflicto árabe-israelí se resuelve pacíficamente.	
Que Europa y Japón superen los retos económicos y sociales motivados o empeorados por causas demográficas.	
Que los poderes mundiales funcionen con las instituciones multilaterales para adaptar sus estructuras y desempeño al transformado panorama geopolítico.	

Figura 1-2 *Tendencias globales 2025: incertidumbres claves y posibles consecuencias.*

armados, recortes presupuestales de gobiernos locales y nacionales, y el efecto de contagio de todo eso en los negocios. Vivimos
tiempos inciertos, lo cual significa que hay un mayor riesgo para
empresas de todo tamaño en todo el mundo, que necesitan nuevas
estrategias para protegerse y aprovechar las oportunidades que
indudablemente surgirán.

Aunque las compañías están preparándose para la mayor turbulencia y caos que les esperan, no olvidarán pronto las dolorosas
lecciones del colapso financiero del 2008. Procederán más caute-
losamente y adoptarán una mentalidad preventiva del riesgo. Los
gobiernos tratarán de implantar regulaciones que prevengan que
se repita una burbuja hipotecaria como la ocurrida. Los bancos y
compañías estarán menos inclinados a vender sus bienes y servicios "sin cuota inicial". Las prácticas crediticias se monitorearán
más cuidadosamente para evitar otra economía de "castillo de
naipes".

El ex presidente de Intel, Andy Grove, escribió en su exitoso
libro *Only the Paranoid Survive* que en todas las empresas ocurren
"puntos de inflexión estratégicos" como resultado directo de fuerzas específicas que afectan determinados negocios. Una empresa
ha llegado a un punto de inflexión estratégico cuando su vieja
estrategia ya no funciona y debe ser sustituida por una nueva, si
la empresa ha de ascender a nuevas alturas. Si los líderes de una
compañía no logran navegar exitosamente a través del punto de
inflexión, la empresa declina[3].

Sus instintos —o quizá su paranoia— le dirán que permanezca
vigilante porque usted no sabe cuando un súbito y fuerte viento
aventará su compañía o toda su industria a un caos indeseado. A
veces la turbulencia no es tan grande. Otras veces es más dramá-
tica, como cuando el colapso financiero mundial del 2008 tuvo a
casi todo el mundo tratando de sobreaguar mientras los mercados
experimentaban una caída impredecible e incontrolable de un día
para otro.

Incluso más inquietante es el duro reconocimiento de que cuando quiera que llega el caos, usted no tendrá más que una hojita de parra para esconderse —a menos que pueda prever y reaccionar lo bastante rápido para conducir en forma segura, a través de esas condiciones, a su compañía, su unidad empresarial, su región o su departamento.

Hay todavía otro asunto que hace retorcerse a los líderes empresariales: el creciente nivel de transparencia que ahora se les exige a ellos y a sus equipos de gerencia. Incluso si usted y su compañía fueron meramente víctimas del colapso financiero global del 2008, que les costó millones de millones de dólares de pérdida de valor mercantil en la economía real a los accionistas de todo el mundo, su mundo y el de su compañía han cambiado para siempre. Los diversos portafolios de inversión, institucionales y privados, que perdieron casi la mitad de su valor en cuestión de semanas —algunos de los cuales incluían pensiones de empleados y planes de ahorro— empezarán ahora a exigir un mayor nivel de transparencia de parte de las compañías en las que están invertidos. El escrutinio por parte de todos los accionistas de todas las compañías está ya llegando a ser bastante intenso. En adelante, más clientes, empleados, directores, banqueros, proveedores y distribuidores de su compañía, y los medios empresariales y financieros en general, estarán vigilando mucho más de cerca las actividades tanto de su compañía como de las demás, para ver cómo administran los gerentes sus empresas en diversos niveles.

¿Qué es turbulencia de mercado?

Para entender lo que es turbulencia de mercado y sus efectos en las empresas, puede ser útil revisar conceptos de turbulencia en la naturaleza, lo mismo que en ciencia y en física. En el mundo natural la turbulencia se caracteriza por comportamiento violento o agitado. Piense en huracanes, tempestades, tornados, ciclones y tsunamis. Se puede definir diciendo que es violenta, azarosa e impredecible.

La turbulencia ha preocupado siempre a los físicos porque es muy difícil de modelar y predecir a pesar de la sofisticación y el poder de los supercomputadores actuales[4]. Los científicos han desarrollado *la teoría del caos* para estudiar la forma en que pueden desenvolverse los hechos, dadas una condición inicial y unos supuestos deterministas. Pueden mostrar que un pequeño efecto inicial puede llevar a un crecimiento exponencial de perturbaciones. El comportamiento de los sistemas dinámicos —sistemas cuyo estado evoluciona con el tiempo— se muestra aleatorio aunque no se haya incorporado a los sistemas ningún elemento de azar[5].

Los vientos y marejadas del gran tsunami que surgió violentamente el 26 de diciembre del 2004 en el Océano Índico produjeron una tremenda turbulencia y destrucción en Asia. Aunque no fue sentido físicamente por nadie en San Francisco ni en un avión que estuviera volando sobre Stuttgart, los científicos han postulado que, de hecho, se produce un efecto atmosférico a decenas de miles de kilómetros de distancia de la fuente originaria. En 1972, Edward Lorenz, padre de la teoría del caos, pronunció varios discursos en los que planteaba la pregunta: "¿Puede el aletear de una mariposa en Brasil desencadenar un tornado en Texas?".

La frase *efecto mariposa* se refiere a la idea de que las alas de una mariposa producen pequeñísimos cambios en la atmósfera, que pueden finalmente alterar el curso de un sistema tempestuoso como el de un tornado, o demorar, acelerar o incluso prevenir la ocurrencia de un tornado en un determinado lugar. De acuerdo con la teoría, si la mariposa no hubiera agitado sus alas, la trayectoria del tornado podría haber sido muy diferente. Los científicos están de acuerdo en que la mariposa puede influir en ciertos detalles de los fenómenos meteorológicos, entre ellos acontecimientos de gran escala, como los tornados[6].

Ahora bien, puede preguntar usted, ¿qué tiene todo esto que ver con la turbulencia en los negocios?

Para empezar, la turbulencia mercantil se define como aquellos cambios rápidos e impredecibles en el entorno externo o interno de una organización que afectan su desempeño[7]. El "efecto mariposa" ocurre porque el nuestro es un mundo cada vez más interconectado, interdependiente y globalizado, que está acelerando su "globalidad". Todas las personas, todos los gobiernos, todos los negocios —todo individuo y toda entidad en el mundo— está ahora conectado e interconectado a determinado nivel, y el impacto de la turbulencia de cada uno será *sentido,* de alguna manera, por otros en ese entorno globalmente conectado.

Para comprender verdaderamente la magnitud del impacto de la turbulencia —*turbulencia severa*— y el caos devastador y los escombros que deja a su paso, no necesitamos mirar más allá de los meses finales del 2008, cuando varios millones de millones de dólares en valor de mercado de la economía real simplemente se evaporaron, dejando atrás una gran mortandad económica para que un recién electo presidente de los Estados Unidos y el resto del mundo limpiaran y reconstruyeran globalmente.

De hecho, la muy pública desaparición del banco de inversión Bear Stearns, ocurrida en marzo del 2008, puso en movimiento la montaña rusa. Después de eso, desde septiembre hasta octubre de ese año, las bolsas de valores de todo el mundo se vieron golpeadas y revueltas. A principios de octubre, el índice accionario estadounidense S&P (Standard & Poor's) 500 perdió un 22% de su valor en sólo seis sesiones de transacciones.

El 24 de septiembre del 2008, Ben Bernanke, jefe de la Reserva Federal y el entonces Secretario del Tesoro Henry Paulson solicitaron al Congreso de los Estados Unidos apoyar un plan de

salvamento por 700 000 millones de dólares (conocido oficial-
mente como H. R. 1424: la Ley de Estabilización Económica de
Emergencia del 2008). "A pesar de los esfuerzos de la Reserva
Federal, del Tesoro y de otras agencias —les dijo Bernanke a los
legisladores—, los mercados financieros globales siguen estando
bajo una presión extraordinaria"[8].

Diez días después, en una reunión de emergencia convocada por
las cabezas de las cuatro mayores economías europeas para enfrentar la crisis económica, Jean Claude Trichet, presidente del Banco
Central Europeo, afirmó: "Nada en el pasado se parece a lo que estamos viendo ahora. Estamos presenciando sucesos que no veíamos
desde la Segunda Guerra Mundial. Este es un período de absoluta
y excepcional incertidumbre (que) demanda reacciones acordes
con esos hechos, tanto en el sector público como en el privado"[9].

El histórico salvamento de la industria bancaria de los Estados
Unidos por valor de 700 000 millones de dólares fue igualado por
el Banco Central Europeo con uno de 1,3 millones de millones
de dólares para su industria bancaria, y seguido por actuaciones
similares de parte de los bancos centrales de Australia, Canadá,
Japón, Singapur y muchos otros países. Hungría e Islandia hicieron
fila en busca de ayuda del FMI, y otros países incluso buscaron
ayuda directa de naciones con buenas reservas de efectivo, como
China y Rusia.

Sin embargo, el 29 de septiembre del 2008 será el día que re-
presentará para siempre la infamia financiera. Ese día, Wall Street
terminó una aterradora sesión con una enorme pérdida, pues las
acciones industriales del Dow Jones se hundieron más de 776
puntos en cuestión de minutos —su más grande bajonazo hasta
el momento de la edición de la versión en inglés de este libro—,
cuando la Cámara de Representantes de los Estados Unidos no
quiso aprobar el plan de salvamento.

Los mercados crediticios permanecieron casi congelados pues los bancos tenían miedo a prestar, incluso a otros bancos. Ocho días consecutivos de pérdidas borraron unos 2,4 millones de millones de dólares de riqueza accionaria. Las condiciones pasaron de ser malas a ser peores. Para bancos y compañías, los costos de tomar prestado volvieron a saltar, mientras los inversionistas buscaban asegurarse mediante bonos del Tesoro de los Estados Unidos, a pesar de oportunos indicios de que el gobierno estadounidense podría tomar participaciones accionarias en compañías con problemas para tratar de parar la crisis crediticia. El costo de tomar prestado se disparó, incluso para las compañías de primera categoría. IBM aceptó pagar 8% de interés en bonos a 30 años por valor de 4000 millones de dólares, el doble de la tasa a la cual toma prestado el gobierno federal. Luego, el 10 de octubre, cesó de repente la montaña rusa cuando "el mercado hizo un espectacular giro en U, pues el índice Dow subió casi 900 puntos en menos de cuarenta minutos"[10].

Aunque el rebote mermó momentáneamente los temores en los Estados Unidos, puso en marcha una frenética actividad de ventas en la comunidad financiera mundial. Súbitamente, la pretenciosa intención de algunos países de desconectarse de la economía estadounidense daba más bien risa. Los informes de todo el mundo eran deprimentes. Las acciones globales habían caído bruscamente en uno de los peores días de los últimos treinta años, a pesar de los continuos esfuerzos gubernamentales por controlar la crisis[11].

El 24 de octubre del 2008, cuando las bolsas de valores mundiales registraron una baja de más o menos un 10% en la mayoría de los índices, el vicegobernador del Banco de Inglaterra, Charles Bean, alertó: "Esta es una crisis nunca vista antes, posiblemente la mayor crisis financiera de su clase en la historia de la humanidad"[12].

Entre el 3 y el 6 de noviembre del 2008, la Reserva Federal de los Estados Unidos rebajó las tasas de interés al 1%; el Banco de Inglaterra recortó sus tasas entre el 1,5 y el 3%; y el Banco Central Europeo las rebajó hasta el 3,25%, su nivel más bajo desde octubre del 2006, en una decisiva reacción frente a la rápida caída en recesión de la región[13].

Luego, el 24 de noviembre del 2008, el gobierno de los Estados Unidos rescató a Citigroup Inc., y aceptó responder por la mayoría de las pérdidas potenciales en activos de alto riesgo por valor de 306 000 millones de dólares, e inyectar 20 000 millones de capital nuevo, en lo que fue su mayor rescate bancario hasta entonces[14]. Durante la semana del 16 de febrero del 2009, el presidente Obama firmó su histórico plan de estímulo económico y el paquete de estímulo a la industria de la construcción, por 787 000 millones de dólares, en un audaz esfuerzo por relanzar la economía estadounidense y un sector sostenedor clave de la misma.

Desde entonces, hemos seguido experimentando una impredecible y *acentuada* turbulencia, en un mundo cada vez más globalizado. Los puntos de inflexión estratégicos ocurrirán con mayor frecuencia, exigiendo a las empresas que los identifiquen más pronto y reaccionen más rápidamente al cambiado entorno. En la figura 1-3: La economía normal frente a la economía de la nueva normalidad, se resumen los contrastes entre épocas normales de ciclos de negocios y economías turbulentas.

Cuando describimos turbulencia en el contexto de la *economía normal* frente a la *economía de la nueva normalidad,* tenemos que definir mejor lo que realmente es una economía normal. A lo largo de la historia de los negocios siempre ha habido niveles de turbulencia, tanto a nivel macro (la economía general, ya sea local, regional o global) como a nivel micro, es decir, en una determinada compañía. Los empresarios y negociantes han vivido siempre con ciertos niveles de turbulencia en sus negocios. Esto es normal y

Característica	Economía normal	Economía de la nueva normalidad
Ciclos económicos	Predecibles	Ausentes
Repuntes / Auges	Definibles (cada 7 años)	Impredecibles, erráticos
Contracciones / Recesiones	Definibles (cada 10 meses)	Impredecibles, erráticos
Posible impacto de los problemas	Bajo	Alto
Perfil general de la inversión	Expansivo, amplio	Cauto, focalizado
Tolerancia mercantil al riesgo	Se acepta	Se evita
Actitudes de los clientes	Confiadas	Inseguras
Preferencias de los clientes	Iguales, evolucionando	Temerosas, buscan seguridad

Figura 1-3 *La economía normal frente a la economía de la nueva normalidad.*

es parte de una economía normal. En la economía normal del pasado las amplias oscilaciones que duraban varios años eran una característica esencial. A lo largo de los últimos 50 años, se contó con dos oscilaciones esenciales que marcaban la economía normal. La primera era la de subida, que históricamente duraba entre seis o siete años en promedio, definida casi siempre como "mercado al alza". La segunda, era la de bajada, que duraba un promedio de diez meses, a menudo llamada "mercado a la baja" o a veces, "corrección del mercado".

Estas dos oscilaciones eran, casi siempre suaves, y sus movimientos de cierta manera predecibles, a pesar de aberraciones como el colapso bursátil del 19 de octubre de 1987, una fecha conocida como *el lunes negro*. Hacia finales de octubre de 1987, todas las grandes bolsas del mundo habían declinado sustancialmente, pero sólo se necesitaron dos años para que el índice Dow Jones se recuperara completamente; en septiembre de 1989, el mercado había vuelto a ganar todo el valor que había perdido en 1987. Incluso durante esos dos años de recuperación, mientras las empresas seguían luchando con la competencia como siempre, tan pronto empezaba la recuperación, parecía sustancialmente confiable —cuando no sustancialmente predecible— que continuara bien y sin interrupción, hasta que llegara la hora de la próxima corrección del mercado. Entonces el ciclo empezaría de nuevo.

La economía de hoy, con su acentuada turbulencia, es notoriamente diferente. Hoy, y en el futuro predecible, *la economía de la nueva normalidad* es distinta de la de una época normal de ciclos al alza y a la baja que, después de todo, habían hecho predecibles, en cierto modo, los negocios a nivel macro. Hoy en día podemos esperar más choques grandes y muchas perturbaciones dolorosas, que causan acentuados niveles generales de incertidumbre y riesgo para los negocios, tanto a nivel macroeconómico como microeconómico. Además de los retos cotidianos de lidiar en una arena perpetuamente competitiva y de los usuales ciclos mercantiles, los líderes empresariales tienen que reconocer una acentuada corriente de perturbaciones grandes y pequeñas que desafían su planeación empresarial.

La acentuada turbulencia es la *nueva normalidad* que desafía a líderes empresariales y gubernamentales a entender mejor, aceptar totalmente, y luego abrir nuevos caminos, producir nuevas estrategias para enfrentársele, si han de tener éxito en los años venideros.

Factores que pueden producir caos

La creciente interconexión e interdependencia del mundo actual significan mayor riesgo para todas las compañías. Entre los factores críticos que están subiendo el nivel de riesgo para las empresas están los siguientes:

- Los avances tecnológicos y la revolución informática
- Las tecnologías e innovaciones perturbadoras
- El "ascenso del resto"
- La hipercompetencia
- Los fondos soberanos de riqueza
- El medioambiente
- El facultamiento de los clientes

LOS AVANCES TECNOLÓGICOS Y LA REVOLUCIÓN INFORMÁTICA

La tecnología de la información es uno de los factores impulsores clave del proceso de globalización. Desde principios de los años 90, los avances en hardware y software para computadores, telecomunicaciones y digitalización han llevado a la rápida transferencia de datos y de conocimiento a través de todo el mundo. La revolución de la información es probablemente lo que más ha contribuido a darle forma a la nueva economía. Mediante la creación de interconexiones que pueden enlazar a todas las personas y a todas las empresas a través de un solo medio —Internet—, tanto compradores como vendedores pueden buscar, preguntar, evaluar y comprar o vender a larga distancia. La gente ya no necesita limitar sus compras o ventas a su área local.

Además de los desafíos para la mayoría de las empresas —especialmente para los negocios grandes o heredados—, está el hecho de que la mayoría de sus altos ejecutivos nacieron durante la revolución industrial pero conducen a sus compañías durante la revolución digital. En cierto sentido, aquellos que tienen más de treinta años son *inmigrantes digitales,* mientras que los que están "alrededor de los veinte" son *nativos digitales.* De todos modos, la revolución de la información ha dado paso a una sobrecarga de información que contribuye a que haya más turbulencia y más caos.

Internet ha transformado y globalizado el comercio, originando maneras completamente nuevas de que los compradores y los vendedores hagan sus transacciones, de que las empresas manejen el flujo de aportes de producción y comercialicen sus productos, y de que quienes reclutan personal y quienes buscan empleo se conecten unos con otros. Han surgido nuevos medios —sitios web, el correo electrónico, los mensajes instantáneos, las salas de *chat*, los tableros electrónicos de noticias, los *blogs*, los *podcasts,* los *webinars*— que crean un sistema global que hace mucho más fácil que las personas y las empresas con intereses comunes puedan encontrarse, intercambiar información y colaborar entre sí.

La revolución global de la tecnología de la información ha sido impulsada por la baja extraordinariamente rápida de los costos, y el rápido incremento del poder de procesamiento de tecnologías digitales cada vez más nuevas, que doblan la memoria y el poder de computación aproximadamente cada seis meses, en las últimas dos décadas[15]. En el futuro, sin embargo, el impulsor más potente de la revolución informática, que empujará la globalización hacia cimas todavía más altas, será la computación en nube (*cloud computing*).

La computación en nube [un término recién acuñado] se refiere a una compleja estructura, basada en la Internet, que suministra capacidades relacionadas con la tecnología de la información "como un servicio". Los usuarios acceden a servicios "de computación" desde la "nube" de Internet, sin necesidad de conocimiento, experiencia o control de la infraestructura tecnológica que la sostiene.[16]

A medida que la tecnología de la información abarca la "nube" global de Internet, una creciente cantidad de actividad de cómputo se mueve hacia centros de datos, accesibles desde cualquier parte. La tecnología de la información está centralizándose más otra vez. Pero, ¿cómo afectará eso la manera como la gente hace negocios?

La nube permitirá a la tecnología digital penetrar todo rincón o rendija de la economía y de la sociedad, y creará algunos complicados problemas políticos y una creciente turbulencia económica, que las empresas tendrán que enfrentar continuamente. Un tema está surgiendo ya. Las empresas tienen que parecerse cada vez más a la tecnología misma: más adaptables, más interconectadas y más especializadas. Estos cambios pueden no ser nuevos, pero la nube de computación los acelerará[17].

Los servicios de la nube de computación han tenido mucho éxito con las empresas recién establecidas, o que apenas arrancan, que ahora pueden acceder y explotar software de la misma calidad del de las grandes compañías. Si no fuera por los servicios de la nube de computación, suministrados por firmas como Amazon.com y su unidad Amazon Web Services (AWS), muchas compañías recién establecidas probablemente ni siquiera existirían. Por ejemplo, Animoto, un servicio que permite a sus usuarios convertir fotografías en vídeos musicales seudoartísticos utilizando inteligencia artificial. Cuando fue lanzado en la popular red social Facebook, la demanda fue tan alta que Animoto tuvo que incrementar el número de sus máquinas virtuales en AWS de 50 a 3500 en menos de tres días[18].

El impacto de los servicios basados en la Red se sentirá a nivel macroeconómico, pues la computación en nube hace más competitivas las compañías pequeñas con otras más grandes, y ayudará a las economías en desarrollo a competir con las desarrolladas. Estos dos factores, por si solos, contribuirán grandemente a una incrementada turbulencia mercantil para compañías de todos los tamaños.

Además, el hecho de que la nube de computación sea global, conducirá a tensiones políticas acerca de cómo debe ser regulada. La computación en nube comprende vastos sistemas virtuales y servicios electrónicos que no conocen fronteras[19]. Es probable que los gobiernos traten de evitar perder más control sobre Internet, lo cual creará invariablemente todavía más oportunidades de turbulencia y caos para empresas que basen, cada vez más, sus estrategias de tecnología informática en la computación en nube.

En relación con la computación en nube, hay un asunto subyacente que pocos de los expertos actuales han abordado: lo relativo a compartir conocimiento. Hasta la fecha la tecnología no ha resuelto el problema de encontrar personas y compartir conocimiento en una forma fácil. Es el conocido "santo grial" y un asunto que incluso Microsoft no ha resuelto, aunque trató de hacerlo con SharePoint[20]. Este producto incluye colaboración basada en un motor de búsqueda y una plataforma de manejo de documentos, que puede ser usada para patrocinar sitios en la red que acceden a espacios de trabajo y documentos compartidos, lo mismo que a aplicaciones especializadas, como *wikis* y *blogs*. De hecho, el problema real es *colaborar eficazmente a través de* firewalls *y entre compañías* que son accionistas o participantes recíprocos. El objetivo de compartir conocimiento mientras también se limita compartir demasiado (esto es, permitir sólo el acceso a ciertas cantidades de datos) es todavía el problema más grande. El otro asunto que todavía hay que resolver es el de *comunicación frente a información*. Esta es, de hecho, una distinción falsa porque *información es comunicación y comunicación es información,* pero mientras las compañías de software sigan separando estos dos mundos, el problema continuará.

TECNOLOGÍAS E INNOVACIONES PERTURBADORAS

El término *tecnología perturbadora* fue creado por Clayton M. Christensen, un profesor de la Escuela de Negocios de Harvard que lo introdujo en un artículo publicado en la *Harvard Business Review* en 1995 bajo el título "Disruptive Technologies Catching the Wave", y que él describió luego en su libro *The Innovator's Dilemma: When New Tecnologies Cause Great Firms to Fail"*[21].

En un libro posterior, *The Innovator's Solution: Creating and Sustaining Successful Growth*[22], Christensen eventualmente reemplazó el término *disruptive technology* con un nuevo concepto que denominó *disruptive innovation,* porque reconoció que pocas tecnologías son intrínsecamente perturbadoras por naturaleza. Es la estrategia o modelo empresarial que la tecnología hace posible lo que produce el impacto perturbador. El concepto de tecnología perturbadora continúa una larga tradición en la identificación del cambio técnico radical. El gran economista de Harvard Joseph Schumpeter fue el pionero en la investigación de cómo las innovaciones radicales llevan a una "destrucción creativa" y son necesarias para una economía dinámica[23].

Tecnología perturbadora, o innovación perturbadora, es un término que describe una innovación, producto o servicio tecnológico que utiliza una estrategia "perturbadora" en vez de una "evolutiva" o "vigorizante" para invalidar en un mercado tecnologías dominantes o productos de statu quo. Se le ha mostrado sistemáticamente a la comunidad investigadora que la mayoría de las innovaciones perturbadoras son una minoría en comparación con las evolutivas, que introducen al mercado una innovación de más alto desempeño. Los ejemplos de innovaciones perturbadoras son raros.[24]

La base de la innovación perturbadora es producir un cambio dramático en el mercado, haciendo que las tecnologías de *statu quo* queden rápidamente obsoletas. Un hecho de esa naturaleza crea una significativa turbulencia para todos los participantes involucrados, tanto en las tecnologías existentes como en las cambiadas. Algunas tecnologías perturbadoras a cinco años vista comprenden computación ubicua y en nube, computación contextual, de virtualización y estructural, realidad incrementada, y redes sociales y software social. La tecnología perturbadora tiene el potencial de ser el definitivo "cambiador de juego" que puede producir caos en toda una industria, especialmente para los titulares a cargo que no han estado prestando atención a la turbulencia que se agita silenciosamente a su alrededor, hasta cuando es demasiado tarde. (Véase la figura 1-4).

Christensen distingue entre la "perturbación del extremo bajo del mercado", que apunta a aquellos clientes en un segmento mercantil que no necesitan el total desempeño apreciado por los clientes del extremo alto del mercado. y la "perturbación de nuevo

TECNOLOGÍA / INNOVACIÓN PERTURBADORA	TECNOLOGÍA MARGINADA O DESPLAZADA
Mini acerías	Acerías integradas verticalmente
Barcos de contenedores; "contenedorización"	Barcos de carga comunes; estibadores
Autoedición; edición electrónica	Edición tradicional
Fotografía digital	Fotografía química
Semiconductores	Transistores
Computadores personales	Computadores centrales y minicomputadores
Bajar música; compartir archivos	Discos compactos
Libros electrónicos (eBooks)	Libros de papel tradicionales
VoIP	Teléfonos tradicionales

Figura 1-4 *Ejemplos de tecnologías o innovaciones perturbadoras*

mercado", que apunta a clientes con necesidades previamente desatendidas o atendidas insuficientemente.

Christensen postula que la "perturbación del extremo bajo" se presenta cuando la tasa a la cual mejoran los productos excede aquella a la cual se pueden adaptar los clientes al nuevo desempeño. Por lo tanto, en cierto momento, el desempeño del producto rebasa las necesidades de ciertos segmentos de clientes. Una tecnología perturbadora puede entonces entrar en el mercado y suministrar un producto con un desempeño no tan alto como el que se tiene pero que excede los requerimientos de algunos segmentos, ganando en consecuencia un espacio en el mercado.

Una vez que la compañía perturbadora ha ganado un espacio en este segmento de clientes, procederá a explotar la tecnología con el fin de mejorar el margen de utilidad. Por lo general, la actual tecnología, producto o servicio no hace mucho por defender su participación en un segmento no tan rentable, y casi siempre se mueve hacia un mercado más alto para concentrarse en clientes más atractivos y lucrativos. La compañía actual de la tecnología convencional se ve eventualmente empujada hacia mercados más pequeños, hasta que la perturbadora satisface finalmente la demanda del segmento más lucrativo y saca a la actual definitivamente del mercado.

Por ejemplo, inicialmente los sistemas de autoedición no podían igualar a los sistemas tradicionales de alto nivel, ni en características ni en calidad. Sin embargo, los primeros sistemas de autoedición bajaron el costo de ingreso en el negocio y las economías de escala eventualmente les permitieron igualar, y luego superar, la funcionalidad de los sistemas de edición antiguos y especializados. A medida que las máquinas impresoras, especialmente las de láser, han mejorado en velocidad y calidad, se han hecho cada vez más competitivas.

De acuerdo con Christensen, una "nueva perturbación del mercado" ocurre cuando un producto se adapta a un segmento nuevo o emergente del mercado, desatendido por los actuales productos de la industria. Por ejemplo, cuando se introdujo por primera vez el sistema operativo Linux, ofrecía un desempeño menos bueno que el de otros sistemas operativos como Unix o Windows NT. Sin embargo, el Linux es muy barato en comparación con los otros. Tras años de continuas mejoras, Linux está ahora instalado en un 84,6% de los 500 supercomputadores más rápidos del mundo[25].

En las batallas de tecnología perturbadora, las innovaciones perturbadoras generalmente les ganan a las actuales tecnologías de la industria. Entre otras razones, por una asimetría en los incentivos financieros. Una perturbadora puede ver una gran oportunidad mientras que la actual ve una mucho menor. Al principio, a la actual puede incluso parecerle la perturbación algo agradable, especialmente si la perturbación provoca la salida del mercado de los clientes menos lucrativos y más problemáticos. A medida que sus propios márgenes mejoran, la actual puede incluso verse tentada a desconocer la creciente invasión competitiva. La perturbadora sigue haciendo calladas innovaciones en su tecnología hasta que alcanza un nivel suficiente para arrebatar a la actual el núcleo del mercado.

Otra razón por la cual las perturbadoras generalmente les ganan a las actuales es el hecho de que las más grandes y exitosas compañías actuales están organizadas en divisiones por producto, cuyos gerentes vigilarán de cerca las ofertas de sus rivales conocidas para asegurarse de que sus propios productos conservan la ventaja. Esta debilidad inherente de muchas de las compañías actuales se ve exacerbada por los tradicionales silos que se dan dentro de las compañías. Tales comportamientos ocurren no solo entre divisiones de producto sino dentro de cada división también. Los compartimientos estancos no se comunican entre sí. Investigación y desarrollo no se comunica suficientemente con Diseño, Producción, Marketing y ventas, y Desarrollo empresarial. Este efecto tiene graves consecuencias y lleva a las empresas a funcionar como un barco lento y no como una lancha veloz. La colaboración interdisciplinaria es esencial. Las perturbadoras, sin embargo, no se preocupan tanto de los productos como de los clientes que no están usando los productos de la actual. Estas perturbadoras quieren ver cuáles necesidades tienen esos posibles clientes que no estén siendo adecuadamente atendidas[26].

Frente al ataque de una innovación perturbadora, la primera reacción de los ejecutivos de las compañías que usan la actual tecnología es, generalmente, proteger sus bien pagados empleos y sus gastados y cómodos modelos empresariales. La respuesta típica es: *Cierren los ojos y tal vez eso no dure.* Ocasionalmente, en efecto, no dura, pero generalmente sí, y entonces realmente sobreviene el caos: se busca recortar personal, se alega y se discute, y se le dificulta todo lo posible al cliente adoptar la nueva tecnología. Las actuales compañías hacen generalmente todo lo que está a su alcance para demorar el día en que tienen que aceptar lo nuevo porque su mayor problema es que deben soportar la carga de apoyar la vieja tecnología, mientras que experimentan la nueva, la arman y hacen la transición hacia las nuevas estructuras de modelo empresarial. Mientras tanto, las perturbadoras tecnológicas no tienen que soportar esta carga de doble costo. Para las perturbadoras todo es fluido y relativamente barato[27]. Y mientras las actuales tratan de entender el caos en el cual tan hondamente se encuentran, las perturbadoras avanzan enérgicamente empujadas por los vientos y las olas de la turbulencia.

Hoy en día, por ejemplo, Microsoft puede estar tranquila por el hecho de que Excel tiene más características que ninguna otra hoja de cálculo en el mercado. Pero, por otra parte, una posible empresa perturbadora como Google, con su conjunto operativo Google Docs, que incluye la hoja gratuita de cálculo Google, puede tomar nota de que la gente se desespera tratando de transferir archivos de un computador viejo a uno nuevo, o que muchos de los usuarios de Excel se retuercen cuando piensan que tienen que pagar a Microsoft más dinero para conseguir la última versión de Excel[28]. Si se repite lo que siempre pasa con las perturbadoras, la actual posición dominante de Microsoft en el mercado puede, eventualmente, verse sustituida por la alternativa Google.

EL "ASCENSO DEL RESTO"

Ha comenzado un nuevo capítulo de la historia económica global, uno en el cual los Estados Unidos, y un poco menos Europa, ya no desempeñarán los papeles predominantes de antes. Desde hace años viene teniendo lugar un proceso redistribuidor de dinero y poder, en todo el mundo, que se aleja de los Estados Unidos y Europa y se dirige a los países ricos en recursos y a los que se están industrializando en Asia y el resto del mundo emergente. La crisis financiera del 2008 ha acelerado ese proceso.

Fareed Zakaria, de la revista *Newsweek,* habla elocuentemente del nuevo malestar estadounidense:

> La angustia estadounidense surge de algo mucho más hondo, una sensación de que corren por el mundo fuerzas muy grandes y perturbadoras. En casi todas las industrias, en todos los aspectos de la vida, parecen estremecerse los esquemas del pasado. "El remolino reina y ha sacado a Zeus", escribió Aristófanes hace 2400 años. Y —por primera vez en nuestro tiempo— los Estados Unidos no parecen ir a la vanguardia. Los estadounidenses ven que está surgiendo un nuevo mundo, pero temen que sea uno moldeado en tierras distantes y por gente desconocida"[29].

Lo que Zakaria llama "el ascenso del resto" testimonia la turbulencia y el caos causados por una de las más convincentes fuerzas nuevas — las potencias emergentes en el mercado mundial, especialmente los países del grupo BRIC (Brasil, Rusia, India, China) y países en el rico Oriente Medio. Zakaria añade que el mundo está ahora experimentando "el tercer mayor cambio de poder de la historia moderna".

El primero fue el ascenso del mundo occidental, alrededor del siglo XV, que produjo el mundo como lo conocemos hoy — ciencia y tecnología, comercio y capitalismo, las revoluciones industrial y agrícola. También llevó al prolongado período de dominio por parte de las naciones del mundo occidental. El segundo cambio, que tuvo lugar en los últimos años del siglo XIX, fue el ascenso de los Estados Unidos. Una vez que se industrializaron, se convirtieron rápidamente en la nación más poderosa del mundo, más fuertes que cualquier otra combinación de otras naciones. Durante los últimos veinte años, la superpotencia estadounidense en cualquier campo ha sido generalmente incontestada — algo que no había sucedido antes en la historia, al menos desde hace dos mil años cuando el imperio romano dominaba el mundo conocido. Durante esta *Pax Americana*, la economía global se ha acelerado dramáticamente, y esa expansión es el impulsor que hay detrás del tercer gran cambio de poder de la era moderna — el ascenso del resto.[30]

En los días que siguieron a las crisis financieras que acompañaron los colapsos simultáneos de los mercados mundiales en octubre del 2008, China fue la primera en proclamarse relativamente inafectada. Aunque a medida que avanzaban las semanas y se veía en los Estados Unidos y Europa la profunda dependencia del mercado chino, el mercado de alto crecimiento chino pronto se hizo más lento. El gobierno chino se vio forzado a implantar su propio plan de estímulo económico, por el equivalente de 585 000 millones de dólares. Y luego, unas semanas más tarde, en una audaz demostración de su nueva fortaleza económica, cuando los líderes de las veinte mayores economías mundiales asistían a una reunión de emergencia en Washington para debatir la reforma de los mercados financieros mundiales y obtener compromisos de parte de las mayores economías para aportar a un fondo de préstamos de emergencia en el Fondo Monetario Internacional, destinado a ayudar a países en dificultades, los delegados chinos se resistieron a las peticiones de los países pobres y rehusaron contribuir a ese fondo de emergencia. En vez de eso, China propuso que los países en desarrollo —entre los cuales se incluyó ella misma— tuvieran más influencia en el Fondo Monetario Internacional y en otras instituciones multilaterales. Muchos analistas piensan que esa mayor influencia en el FMI sería el precio que China cobraría por contribuir con fondos. "El continuo, y relativamente rápido, crecimiento chino, es en sí mismo una importante contribución a la estabilidad financiera internacional y al crecimiento económico mundial", declaró a los medios mundiales en esa reunión el presidente chino Hu Jintao[31].

China, que es actualmente la tercera economía mundial y tiene las mayores reservas de divisas, tampoco ocultó su aspiración a un nuevo orden financiero mundial menos dominado por los Estados Unidos y su moneda. Con reservas en efectivo por 1,9 millones de millones de dólares, China, junto con otros países de la ASEM (Asia-Europe Meeting), hizo planes para constituir un fondo de 80 000 millones de dólares hacia mediados del 2009, para ayudar a los países de su propio patio trasero asiático que tuvieran problemas de liquidez — un plan que ya se había acordado en mayo del 2008 por parte de la ASEM[32]. Y como el grueso de los fondos provendrá de China, esta podrá tener más influencia.

Los países del BRIC y del Oriente Medio son los que están ahora estabilizando la economía global, pues el consumo en esas economías emergentes continúa compensando la ralentización en los Estados Unidos y Europa. Durante los turbulentos meses del 2008, cuando los principales bancos estadounidenses y europeos estaban hundiéndose en un tsunami financiero mercantil, varias instituciones financieras importantes de Europa y los Estados Unidos evitaron su quiebra debido a las inversiones hechas por diversos reinos del Oriente Medio y por el gobierno chino.

Y mientras el número de compañías de mercados emergentes que aparece en la clasificación *Fortune 500* de las mayores firmas mundiales sigue creciendo, los Estados Unidos apenas podían presumir de 153 en el 2008, menos que las 162 del 2007 — en lo que se considera su peor desempeño por más de una década[33].

Como escribe Harold Sirkin en el libro *Globality: compita con cualquiera, desde cualquier parte y por cualquier cosa** del cual es coeditor:

> Imagine cien compañías de países que eran del Tercer Mundo, con un recaudo combinado calculado en millones de millones de dólares —mayor que el producto económico total de muchos países—, compitiendo con compañías estadounidenses y europeas por espacio en el escenario mundial. Imagine varios centenares de tales compañías. Ahora imagine miles. Usted está contemplando el futuro, cuando las compañías estadounidenses, europeas, japonesas y de otros mercados maduros estén compitiendo no solo entre sí sino con compañías chinas y con otras altamente competitivas de todos los rincones del mundo: Argentina, Brasil, Chile, Egipto, Hungría, India, Indonesia, Malasia, México, Polonia, Rusia, Tailandia, Turquía, Vietnam y otros lugares que usted no esperaría.[34]

Las compañías de todos esos países estarán buscando enérgicamente su lugar en la lista *Fortune 500* con adquisiciones, por ejemplo la de importantes compañías occidentales por parte de Budweiser — adquisiciones jugosas por sus experimentados equipos globales y locales y sus marcas mundialmente establecidas. Compañías de mercados emergentes tales como Petrobras e

---

* Publicado por Editorial Norma en octubre del 2009.

InBev de Brasil, Gazprom y Severstal de Rusia, Reliance y Tata de India, y Lenovo y Huawei, de China, incrementarán la turbulencia y las perturbaciones. Estas compañías están creciendo a un ritmo vertiginoso. El ritmo al que adquieran firmas occidentales aumentará, a medida que la recesión mundial afecta una mayor proporción de compañías en América del Norte y Europa que en las economías emergentes. De hecho, en el 2008, el número de compañías de mercados emergentes en la lista *Fortune 500* era de 62, la mayoría de países del BRIC, habiendo sido de apenas 30 en el 2003, y ese número va a subir rápidamente. Con base en las tendencias actuales, las compañías de los mercados emergentes representarán, en menos de diez años, una tercera parte de la lista *Fortune 500*[35].

Las compañías de los mercados emergentes seguirán sacando ventaja del caos causado por el cambiante equilibrio del poder económico y político en el mundo. Estas compañías sumamente ambiciosas y agresivas harán lo que sea para derrotar la competencia de las economías desarrolladas, pues es en estas donde se encuentran las mayores utilidades. Esas ascendentes y ambiciosas advenedizas de tierras distantes harán lo que sea para crear tanto caos como sea necesario, para afectar o adquirir las del mundo desarrollado y nivelar el campo de competencia global.

HIPERCOMPETENCIA

Hay hipercompetencia cuando las tecnologías u ofertas son tan nuevas que los estándares y reglas están en permanente cambio, produciendo ventajas competitivas que no pueden sostenerse. Se caracteriza por movimientos competitivos rápidos e intensos, en los cuales los competidores deben actuar rápidamente para acumular nuevas ventajas y erosionar las ventajas de sus rivales. La velocidad de la turbulencia perturbadora producida por la hipercompetencia está impulsada por la globalización, productos sustitutivos más atractivos, gustos de clientes más fragmentados, desregulación y la invención de nuevos modelos empresariales — todo lo cual contribuye a un desequilibrio estructural, a menos barreras en el acceso a los mercados y al destronamiento de los líderes industriales[36].

Estrategias de hipercompetencia para perturbar

1. La satisfacción de quienes tienen algo en juego es esencial para ganar cada interacción dinámica con los competidores.

2. La adivinación estratégica es el proceso de buscar nuevo conocimiento para predecir lo que los clientes desearán en el futuro.

3. La velocidad es crucial para sacar ventaja de oportunidades y responder a los contraataques de los competidores.

4. La sorpresa realza la habilidad de una compañía para bloquear un competidor, armar una posición superior antes de que un competidor pueda atacar.[38]

Tácticas de hipercompetencia para perturbar

1. Señales enviadas para (1) hacer anuncios de intención estratégica de dominar un mercado o (2) manipular los movimientos futuros de los rivales.

2. Cambio de reglas del mercado para crear tremenda perturbación a los competidores.

3. Embestidas simultáneas o consecutivas mediante la utilización de varios movimientos para distraer o confundir a un competidor.[39]

Richard D'Aveni, profesor de estrategia empresarial en la escuela de negocios Amos Tuck del Darmouth College, y autor de *Hypercompetition: Managing the Dynamics of Strategic Maneuvering,* sostiene que la ventaja competitiva no puede sostenerse a largo plazo. La ventaja es continuamente creada, erosionada, destruida y recreada por medio del maniobrar estratégico de aquellas firmas que perturban los mercados y actúan como si no hubiera barreras de acceso. La manera de ganar hoy en día es volver obsoletas las ventajas competitivas de los líderes del mercado[37].

En la era de la turbulencia, el entorno competitivo cambia dramáticamente, de quienes se mueven lentamente, tratando de proteger sus posiciones, a aquellos atacantes que se mueven rápido, con estrategias apuntadas específicamente a perturbar la ventaja competitiva de los líderes del mercado. Estos líderes son frecuentemente firmas grandes e inflexibles, con ventajas competitivas más tradicionales (y cada vez más obsoletas). La ventaja competitiva se hace más transitoria, y las firmas más exitosas son aquellas que emigran de una posición competitiva a otra en medio de la turbulencia y el caos[40].

En el caótico entorno hipercompetitivo, las utilidades serán menores para las firmas que no sean capaces de crear nuevas posiciones competitivas antes de que sus viejas posiciones se derrumben, especialmente porque el peso de sus estrategias depreciadas y costosas impedirá que muchas de ellas adapten y adopten, lo suficientemente rápido, nuevos comportamientos caóticos.

FONDOS SOBERANOS DE RIQUEZA

Un fondo soberano de riqueza es un fondo de inversión de propiedad del Estado, compuesto de activos financieros tales como acciones, bonos, propiedades, metales preciosos u otros instrumentos financieros. Tales fondos existen desde hace décadas, pero su número se ha incrementado espectacularmente desde el año 2000.

Algunos sólo están en manos de bancos centrales que acumulan los fondos mientras manejan el sistema bancario de un país. Este tipo de fondo es generalmente de gran importancia económica y fiscal. Otros son simplemente los ahorros estatales, que son invertidos por diversas entidades.[41]

Durante la crisis financiera global del 2008, varias instituciones financieras estadounidenses y europeas evitaron la bancarrota al aceptar aportes de los fondos soberanos de riqueza del gobierno chino y de varios reinos árabes[42]. Esto dice mucho respecto al "ascenso del resto", lo mismo que respecto a cuáles, de entre los que están *ascendiendo,* serán los que causen más agitación en la nueva era.

En este nuevo capítulo de la historia económica, los perennes impulsores de la globalización de los últimos cincuenta años ya no desempeñarán el papel dominante de antes. Un proceso de redistribución de dinero y de poder, alrededor del mundo —que se aleja de los Estados Unidos y Europa y se dirige a los países ricos en recursos y a los industrializados que están surgiendo en Asia— ha venido teniendo lugar durante años tras los ataques terroristas del 11 de septiembre del 2001, cuando China, Rusia, el Oriente Medio y otras economías emergentes empezaron a acumular tremendas reservas de efectivo, mientras la globalización cobraba ímpetu y se disparaban los precios del petróleo, del gas natural y de otras materias primas.

Los fondos soberanos de riqueza llamaron la atención mundial en años recientes, al invertir en diversas firmas financieras de Wall Street, entre ellas Citigroup, Morgan Stanley y la antigua Merrill Lynch, cuando esas firmas necesitaron una inyección de efectivo debido a las pérdidas incurridas al principio de la crisis hipotecaria *subprime* de enero del 2008. El tremendo daño que surgió de las crisis de finales del 2008 sólo aceleró el proceso de transformación.

Los acaudalados fondos de inversión estatales de China, Singapur, Abu Dhabi y Kuwait controlan activos por valor de casi 4 millones de millones de dólares, y están ahora, y lo estarán en el futuro predecible, en capacidad de abrirse camino de manera importante en Wall Street y en las grandes bolsas de valores de Londres y Europa, causando una gran agitación (ver la figura 1-5)[43].

Casi todos los fondos soberanos se han mostrado cautos hasta ahora, en parte debido a algunas malas experiencias del pasado. Por ejemplo, la China Investment Corporation invirtió 3 000 millones de dólares en la oferta pública inicial de la firma de activos privados Blackstone Group, en junio del 2008, y antes de eso, 5 000 millones de dólares en Morgan Stanley, en diciembre del 2007. En ambos casos perdió una enorme cantidad de dinero en los meses siguientes a sus inversiones. Más aún, la caída en los precios del petróleo ha reducido el flujo de efectivo hacia esos fondos.

Sin embargo, el tiempo puede estar del lado de los fondos soberanos. Con pronósticos de largo plazo que dicen que en los

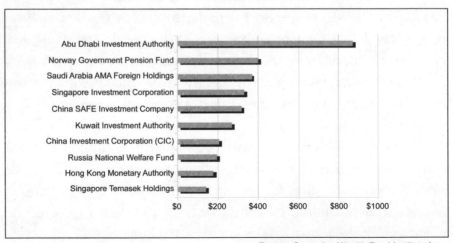

Fuente: Sovereign Wealth Fund Institute Inc., actualizado a junio del 2008, http://www.swfinstitute.org/funds.php.

Figura 1-5 *Los diez mayores fondos soberanos de riqueza en 2008 (miles de millones de dólares)*

Estados Unidos y Europa una severa recesión irá hasta bien entrado el 2010[44], las acciones estadounidenses y europeas pierden valor mes tras mes y las objeciones estadounidenses y europeas a compradores de Asia, Rusia y el Oriente Medio se debilitan también cada vez más. Mientras el mundo esté experimentando su recesión global, el dinero proveniente de esas regiones será bienvenido para ayudar a estabilizar esas economías occidentales.

Mucha de la turbulencia que eventualmente surja de las inversiones de los fondos soberanos en esos mercados puede ser resultado de nacionalismo y proteccionismo reprimidos. Antes de que los occidentales empezaran a extender su bienvenida, pidiendo dinero a los fondos para ayudar a estabilizar sus debilitados mercados financieros, tanto el gobierno estadounidense como muchos gobiernos europeos se mostraban escépticos. Tales sentimientos se hicieron evidentes en el 2006, cuando el gobierno de los Estados Unidos rechazó una propuesta de inversión en algunos grandes puertos estadounidenses por parte de la Dubai Ports World.

Y ese cinismo continuó, a mediados del 2008, cuando algunos legisladores estadounidenses e investigadores del congreso afirmaron que las actividades no reguladas de los fondos soberanos y otros especuladores habían contribuido a la notable variación en los precios del petróleo en los últimos meses, y que los masivos consorcios de inversión, manejados por gobiernos extranjeros, estaban ahora entre los más grandes especuladores en el comercio del petróleo y otros bienes vitales como maíz y algodón en los Estados Unidos[45]. Y luego, a finales del 2008, el presidente de Francia, Nicolás Sarkozy, afirmó en una reunión de líderes europeos que Europa debería tener su propio fondo soberano de riqueza para participar en compañías golpeadas por la crisis financiera global y así protegerlas de los "depredadores", reafirmando su anterior promesa de proteger inocentes compañías francesas (y de otros países europeos) de los "extremadamente agresivos" fondos soberanos[46].

Esos temores latentes respecto a los increíblemente acaudalados —y opacos— fondos soberanos de riqueza contribuirán al inevitable crecimiento del sentimiento proteccionista, cuando se haya podido regresar a épocas menos turbulentas financieramente. Este crecimiento se verá alimentado, todavía más, por el desdén inherente que muchos occidentales tienen por el capitalismo oligárquico o intervenido por el Estado, prevaleciente en muchos de los mercados emergentes, los cuales tienen los mayores fondos soberanos[47].

Finalmente, a través de adquisiciones corporativas e inversiones de fondos soberanos en los Estados Unidos, Europa y otras economías occidentales, el papel del Estado (a menudo poco democrático) en la economía global está expandiéndose rápidamente, y con él vendrá el inevitable rechazo de gobiernos y empresas occidentales, lo cual abrirá nuevas fuentes de turbulencia y caos que las empresas tendrán que enfrentar.

EL MEDIOAMBIENTE

Para muchos líderes empresariales, una discusión sobre el medioambiente conjura, con frecuencia, el tema de riesgo y oportunidad. En el manejo del riesgo, casi siempre el principal objetivo de una empresa es evitar los costos asociados con un accidente industrial, un boicot de consumidores o una demanda por agresiones al medioambiente — todo lo cual se vuelve más probable a medida que el clima empresarial se hace más y más turbulento. En el manejo de la oportunidad, las empresas deben sopesar los rendimientos de sus inversiones en las diversas oportunidades que confrontan todos los días.

Todas las compañías enfrentan mayores presiones en cuanto a conservar los escasos recursos naturales y reducir la contaminación, para contener el calentamiento global de manera que no se dañe irremediablemente la vida en el planeta. Estos requerimientos añaden al costo general de hacer negocios, sean cuales sean los rendimientos de la inversión. El "movimiento verde" está creciendo, está ganando influencia. A ciudadanos y compañías se les invita a consumir e invertir más conscientemente en sistemas que conservan aire, agua y energía. Y aunque la mayoría de compañías desea apoyar el movimiento verde, gracias a los avances tecnológicos cada año está siendo más fácil demostrar que las inversiones en iniciativas medioambientales a nivel de compañías están realmente dando fruto, especialmente para los accionistas. Lo que realmente preocupa es la posibilidad de sobreinvertir. Tras el colapso del mercado financiero, pocas compañías disponen de mucho dinero para invertir en nuevos proyectos que no puedan, directamente, producir un rendimiento sólido sobre la inversión de la compañía. A la inversa, la mayoría de compañías reconoce ahora que los crecientes mercados para energía, agua, alimentos y transportes más limpios están ya viendo beneficios finales de estrategias empresariales e innovaciones basadas en el desarrollo sostenible. General Electric es una de las compañías que procuran obtener utilidades suministrando soluciones a los problemas energéticos y de contaminación.

Algunas inversiones en iniciativas medioambientales son prudentes y deben ser consideradas seriamente por las compañías, especialmente en vista de que los accionistas que tienen muy arriba en su lista a los temas medioambientales se manifiestan cada vez más sobre cómo deben ser administradas las empresas. Según una encuesta hecha por la publicación *McKinsey Quarterly* en septiembre del 2008, comparada con una efectuada un año antes, muchos más ejecutivos dicen que ahora ven los temas medioambientales más como oportunidades que como riesgos. Esos ejecutivos respondieron a preguntas sobre cuáles temas le importan más al público. Los temas medioambientales, incluyendo el del cambio climático, se catapultaron al tope de las agendas sociopolíticas de los ejecutivos, en comparación con la encuesta previa de un año antes. Más o menos la mitad de los 1 453 ejecutivos encuestados escogieron el medioambiente como uno de los tres principales temas que, según ellos, atraerán la mayor cantidad de atención pública y política y afectarán más el valor para el accionista[48].

Debido a que es probable que los competidores inviertan en proyectos "verdes" a diferentes tasas, por lo menos en el corto plazo, las condiciones favorecen a aquellos que escatiman. En algunos mercados, igualar el campo de juego puede requerir más regulación y exigencia gubernamentales. El efecto general será incrementar el nivel de turbulencia dentro y a través de diferentes industrias. A primera vista, los Estados Unidos y Europa estarán en relativa desventaja competitiva en comparación con países menos desarrollados que no pueden, y probablemente no quieren, hacer inversiones "verdes" u obligar a hacerlas. Occidente puede tratar de usar esto como una excusa para disminuir sus propias inversiones, lo cual llevará a un resultado ecológicamente riesgoso para todos.

Finalmente, es probable que el valor de las compañías cambie a medida que los factores medioambientales empiecen a afectar su desempeño. El impacto de corto plazo sobre los flujos de caja puede ser limitado, pero eventualmente será significativo en algunas industrias. A medida que naciones y compañías empiecen a actuar más decisivamente para abordar las preocupaciones medioambientales, incluyendo los sistemas potencialmente costosos para reducir las emisiones de carbono, empezarán a ser más claros y predecibles los cambios en las valoraciones de sectores y compañías. Un primer paso crítico es el de revisar y cuantificar el no acatamiento de una compañía de actuales o posibles medidas regulatorias (tales como el precio del carbón y nuevos estándares, impuestos y subsidios), de nuevas tecnologías y de cambios provocados en el medioambiente debido al comportamiento de clientes y consumidores. Los ejecutivos empresariales tendrán que preguntarse de qué manera pueden afectar la posición competitiva de una compañía ciertos cambios específicos, si otras compañías adoptan nuevos modelos empresariales y se pasan más pronto a volverse "verdes"[49].

Para prevenir cualquier perturbación o caos provocado por la turbulencia del tema medioambiental, las mejores compañías pedirán eventualmente a todos los interesados —tanto públicos como privados— que ayuden a darle forma a la estrategia de sostenibilidad de la empresa, de tal modo que las soluciones medioambientales eficaces produzcan también atractivos rendimientos sobre las inversiones "verdes".

FACULTAMIENTO DEL CLIENTE Y DE LOS INTERESADOS

En el pasado, las ondas informativas estaban dominadas por empresas que transmitían muchos potentes mensajes de marca por radio, televisión, vallas, carteles, periódicos y revistas. Si los clientes buscaban más información sobre una marca o un vendedor, sólo tenían que apelar a su propia experiencia o a parientes o amigos cercanos. Tal información "asimétrica" estaba cargada en favor de los vendedores.

En la última década ha ocurrido una revolución. Los consumidores de hoy siguen recibiendo publicidad de los vendedores pero también pueden sondear centenares de "amigos" en Twitter, Facebook o MySpace. Pueden mirar informes en línea, en Angie's List o Zagat, y averiguar lo que otras empresas y personas como ellos piensan sobre los productos o servicios de una compañía. Cada vez más, determinado país o región alrededor del mundo tiene su propio grupo nuevo de sitios interactivos en línea que permiten a empresas y personas compartir experiencias mediante la interconexión.

Esto significa que los clientes y otros interesados no son ya agentes pasivos en el proceso de marketing, porque pueden averiguar, tanto como les plazca, todo lo que quieran sobre un producto o servicio de una compañía. Aun más, los clientes y otros interesados pueden utilizar lo que han averiguado para contárselo a otros en su propia red, mediante *blogs*, *podcasts*, correos electrónicos o salas de *chat*.

"Usted no puede ocultarse tras una cortina en este nuevo mundo. La autenticidad es clave, y si se dan señales de falta de autenticidad, la noticia se vuelve un virus entre los consumidores… esta es la razón de que el diseño de servicios sea tan condenadamente importante — declara Anna Kirah, una conocida experta en innovación y producción de conceptos. Entienda que la gente mira una compañía como un servicio en sí mismo. La gente está comprando la experiencia —el producto o servicio—, y si la experiencia no satisface la expectativa, la compañía pagará un alto precio". Kirah concluye: "Ver integralmente este proceso es definitivo dentro de la revolución informativa de hoy".[50]

La profunda implicación de esto es que los vendedores que fabrican productos por debajo de los estándares aceptables o suministran servicios de baja calidad desaparecerán más rápidamente que nunca. El volumen de recomendación oral proveniente de empresas y de gente que han experimentado un producto o servicio terminará haciéndole propaganda a los buenos y derrotando a los malos. Y estimulará a los buenos a ser cada vez mejores. Así el facultamiento de clientes e interesados actúa como un catalizador que lleva a un mejoramiento continuo en las ofertas de competidores serios.

Por la misma razón, la recomendación oral tiene el potencial de crear turbulencia y caos a los vendedores. Una persona que experimenta un servicio terrible durante un vuelo comercial puede crear un sitio en la red dedicado a hablar mal de la aerolínea y a acoger a otros que hayan tenido malas experiencias para que cuenten lo que les pasó. Un cliente o un consumidor bravo puede, potencialmente, arruinar una compañía establecida. Las compañías que se cuidan tienen que ponerse como metas una mayor satisfacción del cliente y el monitoreo de lo que se dice en Internet para estar seguras de que un cliente o consumidor bravo no las destruya. En el mundo de hoy, una vocecita airada tiene el potencial de afectar a miles.

British Airways y Virgin Atlantic son dos ejemplos de compañías que se vieron perjudicadas por una mala propaganda a través de las redes sociales — y les costó caro. En octubre del 2008, Virgin despidió a trece de sus tripulantes de cabina que habían circulado en un foro de Facebook comentarios peyorativos sobre sus estándares de seguridad y algunos de sus pasajeros. Entre otras cosas, los tripulantes de Virgin bromeaban con el cuento de que algunos aviones de Virgin estaban infestados de cucarachas, y describían a sus clientes como *chavs,* un término despreciativo británico para gente de evidente mal gusto. Una semanas más tarde, British Airways enfrentó el mismo problema cuando empezó a investigar el comportamiento de varios empleados que en sus correos de Facebook habían descrito a sus pasajeros como "hediondos" y "fastidiosos". Aunque ambas aerolíneas declararon que tenían políticas que prohibían a sus empleados poner información de ese tipo en línea, y que tenían canales internos para que su personal ventilara sus frustraciones, ninguna medida pareció lo bastante eficaz para evitar que los empleados hablaran mal de las compañías en público a través de la Internet[51].

La Economist Intelligence Unit (EIU) hizo en el 2008 un estudio[52] que incluía retroalimentación de más de 650 ejecutivos empresariales, más de la mitad de los cuales tenían altas posiciones. El estudio muestra que una fuerza clave impulsora de cambio es la interacción, basada en la tecnología, entre empleados, proveedores, inversionistas y, lo más importante, clientes. Los datos también muestran que a lo largo de los próximos cinco años el correo electrónico consolidará su posición como el más importante canal de comunicación para establecer y mantener fuertes interacciones empresariales en línea con esas audiencias. Entre lo más destacado del estudio de la EIU se encuentra lo siguiente:

- El correo electrónico (según el 93% de los encuestados) y la Red de redes (conforme al 81%) mantienen su posición de líderes como canales preferidos para las comunicaciones empresariales, y seguirán teniéndola hasta el 2013.
- Hacia el 2013 habrá un incremento general de adopción de otros canales "interconectados" emergentes, lo cual permitirá a las compañías armar nuevas competencias internas y colaborar con socios externos.
- El facultamiento del cliente a través de la tecnología tendrá un efecto profundo y positivo en los negocios. Más del 76% de los encuestados creen que ese facultamiento impactará positivamente el desarrollo de nuevos productos y servicios, y un 73% espera que tenga un efecto positivo en los ingresos.
- Las organizaciones creen que el impacto más significativo sobre sus modelos empresariales, entre hoy y el 2013, vendrá como resultado de los cambios operativos determinados por la tecnología.
- Los ejecutivos prevén que los cambios tecnológicos afectarán considerablemente el servicio al cliente en sus compañías (40% de los encuestados) y las iniciativas de ventas y marketing (24%) que dependen en gran medida de las comunicaciones por correo electrónico y por la Red.

En vista del acelerado avance del cambio social y tecnológico, el correo electrónico se está convirtiendo en "el nuevo correo". Las compañías tradicionales probablemente no reconozcan esto con la debida rapidez y por ello perderán ventaja frente a aquellas que adopten los medios de comunicación más rápidos. Internet permite comunicación y colaboración entre los clientes facultados y las empresas escogidas por ellos. A medida que los clientes demanden un mayor aporte en la forma en que las empresas interactúan con ellos, importantes organizaciones de todos los tamaños obtendrán ventajas al transformar en oportunidad y éxito a largo plazo el aparente riesgo de esa incrementada vinculación de los clientes.

Conclusión

Habiendo revisado los principales factores que causan cambio y turbulencia, las empresas deben reconocer que no pueden operar como lo han hecho en el pasado, con un manual para mercados normales y prósperos y otro para mercados decaídos y de recesión. Hoy en día, las empresas en todos los mercados deben ser capaces de bandearse y comercializar en entornos expuestos a cierto nivel de turbulencia. *En vista de la intermitente e impredecible turbulencia, lo que se necesita ahora es un nuevo marco de referencia estratégico para operar.*

Cuando escribió sobre turbulencia durante la profunda recesión de los años 90, Peter Drucker declaró:

En épocas turbulentas, una empresa tiene que ser administrada *tanto para* resistir súbitos ataques *como para* aprovechar súbitas e inesperadas oportunidades. Esto significa que en tiempos turbulentos hay que manejar los fundamentos, y manejarlos bien.[53]

La turbulencia está ocurriendo a un ritmo vertiginoso, dejando a muchas empresas mal preparadas y vulnerables al caos que ella acarrea. La entrada en esta nueva era es un momento de tremendas oportunidades pero también de riesgos sustanciales. Y aunque la turbulencia no puede evitarse, las compañías pueden ciertamente elegir la manera como la enfrentan. Pueden navegar a través de la turbulencia o verse atrapadas por ella. Pueden hacer caso omiso o resistir el caos de la turbulencia mientras tratan de aguantar y sobrevivir, o pueden prever y apalancar en su provecho las fuerzas de la turbulencia.

Ahora las empresas tienen que desarrollar las pericias, los sistemas, los procesos y las disciplinas requeridos para detectar y predecir rápidamente la turbulencia en su entorno, e identificar las vulnerabilidades y oportunidades que acarreará el caos consiguiente — y la empresa tiene que responder prudente y deliberadamente y en forma decisiva.

Hemos escrito *Caótica* con ese preciso propósito en mente. Aquí compartimos lo que percibimos y observamos en compañías que han confrontado turbulencia con turbulencia acentuada, y lo que han hecho para sobrevivir mejor que sus competidoras. Presentamos orientaciones para desarrollar sistemas de alarma temprana para reconocer *señales débiles* y *débiles signos* para detectar y predecir turbulencia y que son pasados por alto por la gran mayoría de compañías. Describimos escenarios para imaginar lo que puede pasar como resultado de las diferentes fuerzas nuevas. Consideramos respuestas a cada escenario que pueda evitar o minimizar el daño. En el capítulo tres introducimos metodologías y listas de verificación para diseñar *sistemas de gerencia y marketing de* Caótica que ayuden a crear una empresa robusta y capaz de recuperarse, que administre competentemente el riesgo y la incertidumbre y aproveche diestramente las oportunidades durante tiempos caóticos.

Caótica presenta un enfoque disciplinado para detectar las fuentes de turbulencia, predecir las consiguientes vulnerabilidades y oportunidades, y desarrollar respuestas críticas y apropiadas para asegurarse de que la empresa subsiste exitosamente y prospera. El objetivo es conseguir lo que llamamos *sostenibilidad de la empresa* (más sobre esto en el capítulo seis).

Todos los líderes empresariales están concentrados intensamente en producir estrategias, estructuras organizacionales y cultura empresarial para producir "valor superior para el cliente" a lo largo de la vida de la empresa. En la era de la turbulencia, maximizar la creación de valor en forma constante y continua requerirá una nueva serie de comportamientos.

En *Caótica* no propugnamos un enfoque estratégico conservador, que evite riesgos, sino más bien un enfoque alerta y prudente que no solo proteja la empresa de las fuerzas perturbadoras que impactan los negocios durante tiempos turbulentos sino que favorezca sus intereses. Es un enfoque profiláctico del riesgo empresarial, que aleja la probabilidad de que la vanidad y la codicia sustituyan una gerencia más sobria de los asuntos empresariales.

Consideramos que *Caótica* suministra a los líderes empresariales, a través de una amplia gama de industrias, un manual único que pueden utilizar para preparar a sus compañías a enfrentar las situaciones caóticas que les esperan, y triunfar en la era de la turbulencia.

CAPÍTULO DOS

Las equivocadas respuestas gerenciales a la turbulencia son ahora peligrosas

Sea prudente cuando otros muestren codicia, y codicioso
cuando otros muestren prudencia.
  —Warren E. Buffet, director ejecutivo de Berkshire Hathaway, Inc.[1]

LA ÚNICA VERDAD absoluta sobre la incertidumbre que produce la turbulencia es que cuanto más persiste esta, más cautelosa se vuelve la gente. Cuando las empresas no son capaces de predecir las expectativas de sus clientes, tienden a abandonar sus principios básicos. El resultado es una combinación muy peligrosa de turbulencia, que socava las bases de las más sólidas y respetables compañías, y de puesta en riesgo de la capacidad de un líder empresarial para tomar buenas decisiones.

Los ejecutivos deben esforzarse por hacer más eficientes sus operaciones y reducir gastos improductivos, especialmente en áreas que muestran señales de estar infladas — sin importar las condiciones del negocio. Seamos honestos: la disciplina tiende a aflojarse durante una prolongada prosperidad económica, como la ocurrida en años recientes.

Con mucha frecuencia esto es lo que pasa: los ejecutivos empresariales enfocan los problemas inminentes con demasiada confianza, negando a menudo que su industria o sus compañías enfrenten cualquier peligro real. Luego, cuando la contracción es un hecho establecido, hacen recortes a lo largo y ancho de la compañía. Recortan todo, desde los gastos de marketing y de investigación y desarrollo, hasta la plantilla de personal. Finalmente, cuando las señales de la recuperación se ven por todas partes, abren la esclusa del gasto para mostrar su fortaleza y reconstruir la moral. Aunque estos enfoques parecen razonables en el calor del momento, pueden eventualmente perjudicar las posiciones competitivas y el desempeño financiero. En la era de la turbulencia, este daño puede ser irreparable.

El hecho cierto es que la incertidumbre económica es como un elixir que puede llevar, incluso a los directores ejecutivos más hábiles, a cometer graves errores. Cuando cunde el pánico y se acentúa, muchos líderes empresariales reculan. Recortan costos en todas las partes equivocadas, despiden personal bien preparado, se le esconden al riesgo, recortan presupuesto para tecnología y desarrollo de productos, y lo peor de todo, dejan que el miedo les dicte las decisiones. Este modo de actuar no solo puede perjudicar a una compañía sino llegar a destruirla.

Cerrar las escotillas no es la única manera de capear una tormenta, sino la más predecible —y no necesariamente la que tiene los mejores intereses de la compañía en mente. Para ser francos, en el mundo de los negocios la turbulencia conduce a las peores reacciones por parte de la gerencia. Muchas empresas y sus directivos eligen uno o dos enfoques convencionales de la turbulencia y el consiguiente caos: toman pocas precauciones, si es que toman algunas, actuando como si la tempestad pasará pronto, o corren a escamparse, ya sea recortando costos o, ilusionados desesperadamente por "soluciones mágicas", invirtiendo en negocios nuevos y a menudo no relacionados, para proteger sus apuestas.

Aunque muchos ejecutivos parecen temer una recesión, ese no es el caso de Michael O'Leary, el director ejecutivo de Ryanair, la más grande aerolínea de bajo costo de Europa. "Nos encanta la recesión — dijo O'Leary en una entrevista publicada cuando la industria de la aviación comercial se hundía en el remolino recesionista de noviembre del 2008. El mejor resultado que podemos esperar de este invierno es una buena y honda recesión".

El fundador y director ejecutivo de la otra gran aerolínea europea de bajo costo (la competidora más fiera de Ryanair) no compartía esa opinión. La divergencia entre easyJet y Ryanair se acentuó durante un período reciente de incertidumbre general para la industria de las aerolíneas cuando, durante la misma semana, O'Leary anunció un espectacular plan de expansión para Ryanair, mientras que en easyJet, Stelios Haji-Ioannou le pedía a su equipo de gerencia que adoptaran exactamente la clase de cautela que O'Leary estaba tirando por la borda.

O'Leary considera que las contracciones económicas presionan a las aerolíneas menos fuertes a recortar rutas, lo que le permite a su aerolínea entrar a reemplazarlas. También ve la oportunidad de que Ryanair se beneficie durante una contracción en el hecho de que bajan los precios del combustible, se reducen los costos laborales y también la posibilidad de que sus rivales sin efectivo revoquen pedidos de nuevos aviones. De modo que mientras la recesión aterrizaba en Europa y otras aerolíneas se encogían o fusionaban, los planes expansionistas de O'Leary despegaron, y pudo proclamar que Ryanair podría duplicar sus utilidades y el número de sus pasajeros hacia el 2012, a pesar de las señales de que el tráfico aéreo de corta distancia estaba declinando.

En octubre del 2008, con el telón de fondo de las audaces movidas de Ryanair, una de las aerolíneas europeas de bajo costo más rápidamente ascendente, Sterling Airlines, se declaró en bancarrota cuando su propietaria, Icelandic, la segunda aerolínea danesa por número de aviones, se quedó sin dinero —aparentemente de un día para otro— y agregó su nombre a la lista de más de dos docenas de transportadoras que dejaron de operar ese año en todo el mundo.

Sólo algunos corajudos, como el O'Leary, de Ryanair, están dispuestos a nadar contra la corriente y desafiar la sabiduría convencional. Esto les da la mejor oportunidad de ubicar a sus compañías en la posición estratégica que les permita ganar más cuota del mercado y aumentar el valor de sus acciones. Los mejores ejecutivos se resisten a ir a esos extremos y se preparan para lo peor mientras se enfocan en lo que mejor hacen sus compañías. El caos tiene su manera de ofrecer ventajas a quienes descubren oportunidades en las presentes circunstancias — sean cuales sean. Esto, esencialmente, es lo que afectuosamente podemos denominar como proceso propio de selección natural del caos, en el que se decide cuáles empresas terminarán ganando o perdiendo. Las compañías que están en el tope hoy día, pueden no estar allí mañana, y viceversa.

De hecho, según la firma de consultoría McKinsey & Co., casi 40% de las más importantes compañías industriales de los Estados Unidos cayeron del primer cuartil de sus sectores durante las recesiones de los años 2000 y 2001. Un tercio de los bancos estadounidenses tuvo la misma suerte pero, al mismo tiempo, un 15% de compañías que no eran líderes industriales antes de la recesión se treparon a esa posición durante ella[5].

Estos pueden ser tiempos peligrosos para todo gerente. Incluso cuando una compañía parece estar haciéndolo todo bien, puede ser arrastrada por la turbulencia que no pueden resistir otras cercanas a ella. Goldman Sachs, el banco de inversión más destacado del mundo, tradicionalmente considerado insumergible, se encontró luchando por una cuerda de salvamento, y la aseguradora American International Group (AIG) se hundió, llevándose a sus clientes hasta el fondo con ella. (Para más detalles en lo relativo a Goldman Sachs, vea el siguiente apartado).

GOLDMAN SACHS: UN CASO DE RIESGO FRENTE A INCERTIDUMBRE[6]

En el mundo corporativo nadie se imaginó, ni mucho menos predijo, la toma hostil de Bear Sterns, la custodia de Fannie Mae y Freddie Mac, el colapso y rescate de AIG, la bancarrota y venta de Lehman Brothers, la venta de Wachovia al Citibank y luego a Wells Fargo, y la absorción de Countryside por el Bank of America — todo lo cual ocurrió en cuestión de meses a finales del 2008. La economía global recibió una fuerte dosis de surrealismo, y entretanto, hasta esas instituciones empresariales, aparentemente imparables, se desbarataron.

Tal vez la secuela más espantosa de esta turbulenta crisis proviene de los informes de que Goldman Sachs habría sufrido una pérdida de 20 000 millones de dólares en su crédito de contrapartida con AIG, si el gobierno de los Estados Unidos no hubiera intervenido y salvado el gigante asegurador de su crisis de liquidez.

Antes de que todo se fuera al diablo, Goldman era considerada inmune a los enemigos que tenía el resto. En el 2007, cuando sobrevino el desastre de las hipotecas *subprime,* Goldman Sachs era "cada vez más reconocida como el fondo de cobertura más grande del mundo". Mientras otras instituciones financieras se estaban reponiendo de sus heridas, Goldman proclamaba orgullosamente su triunfo.

Entonces, ¿cómo hizo para tener éxito donde y cuando todos los demás estaban fallando?

El banco no ocultó el secreto de su éxito en su informe del tercer trimestre del 2008 (20 de septiembre): "Los recaudos netos por concepto de hipotecas (transadas) fueron... notoriamente mayores, a pesar del continuo deterioro del entorno del mercado. Significativas pérdidas en préstamos y valores no preferenciales se vieron más que compensadas por ganancias en posiciones hipotecarias de corto plazo". Dicho de otra manera, Goldman Sachs barrió con todo durante el colapso de los bonos de hipotecas *subprime,* en el verano del 2008, especulando a la baja en el mercado respaldado por hipotecas de ese tipo.

Según cuentan, el jefe de la gerencia de riesgos en Goldman Sachs identificó previamente el riesgo de los valores respaldados por hipotecas (*subprime*) y alertó a su junta directiva. Recomendó vender rápidamente todo lo que se pudiera de esos valores potencialmente "tóxicos" y asegurar contra todo riesgo, con una reaseguradora, los que no se pudieran vender.

Aparentemente, Goldman hizo correctamente *todo lo que había que hacer* y, no obstante, tuvo grandes problemas durante la crisis *subprime.* ¿Por qué? Porque el riesgo se le endosó a AIG, que no pudo cubrir sus compromisos de seguros con Goldman, ni con ningún otro. AIG necesitó que el gobierno estadounidense la rescatara, a un costo de 143 800 millones de dólares en préstamos y fondos, y otro montón de plata, que vendría de fondos federales de rescate. Era una cantidad enorme — casi dos veces más que la esperada cuando se propuso el préstamo original, lo que aterró a muchos. Y hacia mediados de marzo del 2009, AIG presentó un informe previo sobre sus resultados financieros trimestrales,

aterrando a todo el mundo con una pérdida récord de
61 700 millones de dólares —la mayor incurrida por cualquier compañía en los Estados Unidos (o el mundo), en un
solo trimestre—, a tiempo que el gobierno calculaba que
AIG podría necesitar 250 000 millones de dólares adicionales de dinero de los contribuyentes estadounidenses para
poder garantizar su posición financiera.

Las lecciones de esto son dos: primera, el riesgo es medible, y por tanto asegurable, mientras que la incertidumbre no lo es. Segunda, en este nuevo mundo de creciente
interdependencia e interconexión, incluso cuando una
compañía –cualquier compañía, en cualquier industria, en
cualquier país del mundo—se comporta previsivamente, y
lo hace bien y con prudencia, cualquiera de sus accionistas
o participantes puede crear en sus negocios una turbulencia
que tiene el potencial de arruinar esa empresa, y arruinarla
de mala manera.

La única seguridad que el caos puede dar, incluso al más experimentado equipo de gerencia, es que no existen seguridades
en tiempos de turbulencia, y especialmente acentuada turbulencia.
Por eso es que mientras el caos reina más impredecible y frecuentemente, la gerencia debe estar más alerta y bien preparada para
evitar los errores más comunes que las empresas cometen cuando
sobreviene la turbulencia, y deben ser capaces de sortearla (ver la
figura 2-1).

Algunas compañías salen de la turbulencia más fuertes y mejor
valoradas, que lo que estaban antes de que aquella las golpeara.
Haciendo selecciones estratégicas que a veces desafían la sabiduría
tradicional, incrementan su valor en bolsa en comparación con
aquellas que antes eran sus pares, y quedan en mejores condiciones
para determinar sus industrias.

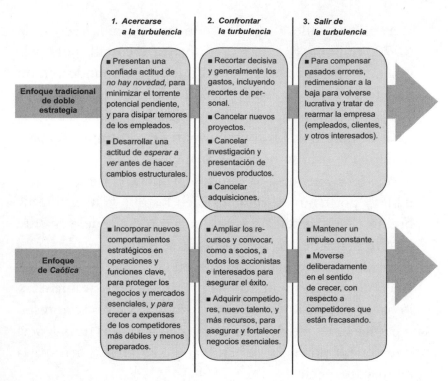

Figura 2-1 *Navegar la turbulencia.*

Ahora, volvamos nuestra atención a algunos de los errores más comunes cometidos por los líderes empresariales cuando golpea la turbulencia:

- Tomar decisiones de asignación de recursos que socavan la estrategia y la cultura básicas.
- Llevar a cabo recortes generales de gastos frente a actuaciones enfocadas y mesuradas.
- Efectuar arreglos improvisados para preservar el flujo de caja, poniendo en riesgo a interesados o participantes clave.
- Reducir gastos en marketing, marca y desarrollo de nuevos productos.

- Vender menos y a descuento.
- Divorciarse de los clientes para reducir gastos relacionados con las ventas.
- Recortar gastos en entrenamiento y desarrollo en crisis económicas.
- Subvalorar a los proveedores y distribuidores.

Decisiones de asignación de recursos que socavan la cultura y la estrategia básicas

Toda compañía enfrenta dilemas difíciles, especialmente cuando la economía se aprieta o, peor aún, se detiene. Sin embargo, durante épocas turbulentas, las decisiones que tome un líder tendrán todavía más alcance. Habrá un impacto duradero y significativo no solo en el balance, sino en los empleados, la moral, y la cultura y valores que definen la compañía, especialmente si la decisión socava los fundamentos de la misma y deja de satisfacer las expectativas de los clientes.

Un ejemplo excelente es el de Home Depot. Cuando Bob Nardelli era el director ejecutivo en el 2000, no mostró ningún apasionamiento por la esencia de la compañía. Aunque intervino decisivamente, cuando fue absolutamente necesario, estableciendo un proceso estratégico más riguroso y actualizando la infraestructura de tecnología informática con los mejores estándares, pasó por alto lo que hacía de Home Depot un apreciado socio de los aficionados al bricolaje y de los contratistas que formaban la base principal de clientes.

La estrategia original de Home Depot dependía de un personal de planta sumamente conocedor, que se esmeraba en la atención a los clientes y que podía realmente ayudarles a entender como lograr sus propias metas. Con la disculpa de la eficiencia, Nardelli recortó personal y reemplazó un número considerable de experimentados empleados antiguos con otros de menor experiencia, y puso a toda la organización bajo un programa muy apretado, fiscalizado y casi militar. Muchos de los cambios, repetimos, eran para mejorar, pero las pérdidas en cultura, experiencia y trabajo conjunto finalmente afectaron la compañía y Nardelli fue reemplazado[7]. (Nardelli llegó a ser después gerente general de Chrysler y estuvo en ese puesto durante la operación de rescate de la industria automovilística por parte del gobierno federal, en los años 2008 y 2009.)

La moraleja de esta historia es: Nunca pierda de vista los valores esenciales de su compañía. Socavar la cultura y reasignar recursos puede tener efectos perjudiciales de largo plazo. No sólo puede debilitar los fundamentos de la compañía sino —como sucedió en Home Depot— empañar su marca.

Además, en un artículo titulado "¿Es su estrategia de crecimiento su peor enemigo?", los consultores de McKinsey dijeron: "Retirar recursos de procesos ineficientes puede, finalmente, subir los costos en vez de rebajarlos. Con frecuencia, los gerentes se sienten tentados a ahorrar dinero mediante la reasignación de recursos, pero esto rara vez funciona, a menos que se mejoren al mismo tiempo todos los procesos involucrados". Los autores anotan también que:

Limitar recursos pone en marcha una espiral de eficacia decreciente. Digamos que yo compro un automóvil porque quien me lo vende me asegura que la promoción en curso se va a acabar pronto. Diez días más tarde, yo descubro que la promoción no solo no se ha acabado sino que ha sido mejorada. Tengo todo el derecho a enojarme. Si la insatisfacción de los clientes se extiende, las promociones fallarán, dejando un faltante en las ventas de automóviles que los fabricantes originales pueden tratar de compensar con la introducción de más de esos "sobornos" — que fueron la causa del descontento. Entonces los gastos promocionales desbordan los límites presupuestales y hay que recortar los programas de incentivos para ahorrar dinero, lo cual hace menos eficaces los esfuerzos de promoción. Las ventas vuelven a caer, y la espiral descendente empieza a retroalimentarse.[8]

La dura realidad es que las compañías tienen que recortar costos en alguna parte cuando la economía está a la baja, y hay épocas en las cuales la propia supervivencia de la compañía exige notorios recortes, que tienen que hacerse de todos modos para salvarla. Pero es esencial que las medidas de ahorro en costos no afecten el "cociente distintivo" de la compañía, no obliguen a descuidar las necesidades y expectativas de los clientes, o no pongan en peligro la cultura y los valores. El consejo de Shakespeare: "Sé sincero contigo mismo" puede aplicarse hoy a las empresas que están experimentando turbulencia.

Recortes generales de gastos frente a actuaciones enfocadas y mesuradas

Cuando se escribe en chino, la palabra crisis se compone de dos caracteres. Uno representa peligro y el otro oportunidad. Esos caracteres podrían fácilmente simbolizar los peligros que le esperan a una compañía que hace recortes generales frente a aquellas que estén bien enfocadas en calcular dónde hacer recortes mesurados. La gerencia tiene que mantener la vista puesta en su meta final, que es la de surgir como líder apenas el mercado retorne a la normalidad — y este es rara vez el caso, si ocurre, cuando la gerencia apela a recortes generales a lo largo y ancho de la compañía.

Las decisiones de gerencia durante épocas de turbulencia y caos —correctas o no— determinarán el destino y posición de una compañía cuando la economía se recupere. En noviembre del 2008, la firma de consultoría Diamond Management & Technology Consultants (DMTC) publicó un informe titulado "Don't Waste a Crisis: Lessons from the Last Recession". [No desperdicie una crisis: lecciones de la última recesión]. DMTC descubrió que el 48% de las compañías que recortaron gastos de manera general durante la última recesión o bien perdieron terreno o bien quedaron de segundonas. Sin embargo, durante la recesión del 2001, más de la mitad de las compañías aumentaron en realidad sus márgenes brutos, y para el final de la misma habían mejorado sus márgenes en un 20% en promedio. John Sviokla, gerente de innovación e investigación de Diamond, observa: "Nuestras averiguaciones revelan que en el mismo momento en que los gerentes se inclinan a reducir sus horizontes y hacer arbitrarios recortes generales, quienes mejor ejercen sus cargos investigan profundamente los datos sobre el desempeño de sus compañías y burlan a la competencia". Sviokla dice también que "todo el mundo recorta costos, pero hacerlo de manera que se mejore el diseño y desempeño de los negocios es lo que separa los ganadores de los perdedores"[9].

El estudio de Diamond descubrió además que las compañías generalmente caen en una de cuatro categorías, con base en la manera como entran en una contracción económica y en cómo salen de ella. "Incondicionales" son las que presentan constantemente un alto desempeño, y se clasifican en el más alto cuartil entre sus pares en su industria, tanto antes como después de una recesión. Las "oportunistas" rebotan de una recesión y mejoran su desempeño financiero en un 10% o más, cuando se comparan con el desempeño financiero de sus pares industriales. En el otro extremo de la clasificación, las compañías "holgazanas" muestran, si acaso, poca diferencia en desempeño sean cuales sean las condiciones económicas. Y, finalmente, las "estrellas decepcionadas" muestran, generalmente, el peor desempeño tras una recesión, en comparación con todas las demás que se estudiaron. Estas compañías tienden a perder un 10% o más, si se les compara con sus pares industriales.[10]

En tiempos turbulentos, muchos líderes se sienten perjudicados, hagan o no hagan recortes. ¿Dónde recortar? ¿Qué tanto? O, mejor, ¿incrementar el gasto? ¿Cuál será el efecto neto de estas decisiones? ¿Qué haría en este caso Warren Buffett? Como si el Oráculo de Omaha pudiera darle la respuesta correcta a todo gerente.

Durante la Erin Anderson B2B Research Conference, de la Escuela de Negocios Wharton, en octubre del 2008, se le preguntó a Gary Lilien, un profesor y director de investigaciones del Penn State's Institute for the Study of Business Markets, si las empresas debían incrementar sus gastos durante una recesión. Esta fue su respuesta:

Todo el mundo está buscando una respuesta única para una pregunta que tiene múltiples respuestas. En realidad, nosotros hicimos algunas averiguaciones sobre un tema relacionado. Todo depende. Las firmas que tienen lo que yo llamo "the skill, the will, and the till" [la destreza, la voluntad y el dinero] deben, de hecho, incrementar sus gastos y enfocarse en adquirir nuevos clientes, al tiempo que conservan los existentes. "Destreza" significa que tienen experiencia mercantil; "voluntad" quiere decir que acostumbran ir contra la corriente, al contrario de lo que parece ser una fuerte tendencia; y "dinero" significa que tienen algunos recursos que les permiten invertir. La analogía es la de que, frecuentemente, los mejores atletas atacan en los momentos más difíciles, cuando van cuesta arriba. ¿Qué pasa si no se tienen esos activos, esos requisitos? Es el momento de concentrarse en conservar los clientes existentes.[11]

La turbulencia y el caos que acarrea ponen a toda compañía en una situación diferente —algunas en mayor riesgo que otras— en lo relativo a finanzas y liquidez. Y como lo sugiere Lilien, no hay una estrategia de talla única. Por eso es esencial evitar recortes generales y más bien buscar unos bien calculados. Para hacer esto, la gerencia tiene que formularse algunas preguntas difíciles: ¿Cómo nos fue en la última recesión? ¿Qué aprendimos de nuestro desempeño? ¿Cuál es nuestra situación de liquidez? ¿Disponemos de una hoja de ruta que haya estimado nuestro último desempeño? ¿Considera la confusión e incertidumbre que ha causado la turbulencia económica? Y esta hoja de ruta, ¿nos llevará al futuro?

Repetimos, las compañías tienen que considerarse, primeramente, como proveedoras de servicios. El servicio de una compañía es la combinación de su identidad —esto es, su marca—, su organización y los productos que vende. Si cualquiera de esas cosas fallan, falla el servicio, y en consecuencia la proposición de valor de la compañía. De modo que, cuando buscan hacer recortes mesurados y enfocados, las compañías deben tener en cuenta la manera como esos recortes afectan los diferentes aspectos de la empresa para no comprometer sus proposiciones de valor.

De nuevo, todo se reduce a la disposición de la gerencia a formular las preguntas difíciles: ¿Dónde queremos estar posicionados cuando la economía se recupere? ¿Queremos estar en el cuartil selecto, que sigue creciendo y aumenta cuota de mercado? ¿O estaremos entre las víctimas — aquellas compañías atascadas y de bajo desempeño que tomaron todas las decisiones equivocadas?

Arreglos improvisados para preservar el flujo de caja y poner en riesgo a los interesados clave

Cuando las compañías buscan remedios rápidos para preservar el flujo de caja, ciertos errores estratégicos clave pueden costar muy caro. La finalidad es ser lucrativo, y toda decisión debe considerarse a la luz de los efectos que pueda tener en el flujo de caja. Pero cuando se apela a los remedios rápidos para lidiar con el aquí y el ahora, la gerencia se arriesga a poner en peligro el crecimiento futuro de la compañía.

Recortar personal, vender innecesariamente activos, disminuir actividades de marketing y publicidad, y recortar inversión en investigación y desarrollo pueden destinar a una compañía a un peligroso aterrizaje.

Las reducciones generales, a lo largo y ancho de la compañía, son siempre un error. En los Estados Unidos, las leyes contables establecen que las inversiones en talento se contabilizan como gastos, no se capitalizan, de modo que recortar personal, especialmente personas capaces y altamente apreciadas, es una forma rápida de recortar costos. Las reglas contables sólo perjudican a las compañías que las observan. El talento es la variable singular más importante de la innovación.[12]

Cuando una compañía afloja en talento, hay una mayor oportunidad de que sus competidores contraten ese mismo talento al día siguiente para ayudar a posicionarse para mejores días financieros, y entretanto ayudar a impulsar la innovación. Como es lógico, las épocas de incertidumbre sacan a flote los instintos depredadores de los líderes empresariales. En consecuencia, muchas compañías están simplemente esperando la oportunidad de aprovechar estos tiempos para contratar individuos clave que podrían no haber podido atraer durante una bonanza económica.

Además, a medida que la economía se recupera, el recurso escaso para la mayoría de las compañías será el talento, no el capital. Muchos equipos de gerencia pensaban que podían ganar la guerra por el talento durante las bonanzas de los años 90, dando a sus empleados opciones de compra de acciones y privilegios y permitiéndoles que vistieran yins en el trabajo. Cuando vino la contracción, hubo un abrupto cambio de "apreciamos el talento" a "usted es un costo prescindible". Las opciones se evaporaron, se suprimieron los privilegios y llegaron rápidamente los despidos — brutalmente en algunos casos. Esto rompió el tejido social de muchas firmas e infundió cinismo en los empleados.[13]

La gerencia que no entiende o adopta el valor de ese talento que crea e impulsa la innovación de la compañía se verá colgando, junto a las demás compañías estancadas, en el fondo de la cadena alimenticia de los negocios.

Reducción de los gastos en marketing, promoción de marca y desarrollo de nuevos productos

Cuando llega el momento de hacer recortes, el marketing casi siempre parece recibir el primer golpe, y el desarrollo de nuevo producto, el segundo. Esto siempre es un error porque destruye la cuota de mercado y la innovación.

La reacción refleja de la mayoría de las compañías es la de recortar en materia de marketing. Cuando usted lo hace, está dando lugar a que sus competidores refuercen su mensaje y ganen mayor cuota de mercado, mientras la suya se le escapa.

En tiempos turbulentos, lo más importante es permanecer alerta y concentrado. Evite cometer los tres errores de marketing más frecuentes[14]:

1. *Expandirse para atraer nuevos clientes antes de haber asegurado lo esencial.* Tratar de ampliar su producto básico o el atractivo de su servicio para agradar a una audiencia más amplia es arriesgado. Lo más probable es que deje de satisfacer a sus mejores y más leales clientes, dándoles una razón más para considerar a sus competidores.

2. *Recortar marketing.* En economías débiles o turbulentas, el dinero destinado al marketing es como agua en medio de un desierto — cuanta menos haya, más valiosa se vuelve la cantidad que se posea. Recortar su gasto en marketing les garantiza a sus competidores más agresivos, esos que no recortan presupuestos, la ventaja que necesitan para quitarle sus clientes más apreciados. El marketing es músculo, no grasa.

3. *Descuidar el gorila de 900 libras.* Vivimos en un mundo en el que la información no se suspende, 24 horas al día, 7 días a la semana. Cuando aparece una noticia, la sabe todo el mundo, incluyendo sus clientes. En mercados a la baja, especialmente cuando reinan la turbulencia y el caos, sus clientes y todos los accionistas o participantes de su compañía saben que el negocio no va bien. Pasar por alto ese hecho y, peor aún, no mantenerlos al día, es peligroso.

Dejar de invertir en desarrollo de producto garantiza estorbar la creación de valor futuro para la compañía y para sus accionistas o quienes tienen intereses en ella. Cuando las compañías descuidan o reducen la importancia del desarrollo de producto en busca de ahorrar dinero, no solo limitan el crecimiento potencial sino que frenan la innovación y dan una gran ventaja a los competidores que sí han asumido el riesgo.

Business Week compiló una lista de los diez peores errores que cometen las compañías que tratan de sostenerse durante una contracción o en una economía turbulenta. La lista les recuerda a los gerentes que, a menos que quieran realmente competir en precio (recuerde que India introdujo el automóvil Nano que cuesta 2500 dólares), la capacidad de sostener innovación es una de las pocas maneras que les quedan para mantener una ventaja competitiva y distinguirse de los competidores. La innovación impulsa el desempeño, el crecimiento y el valor en bolsa.[15]

Los diez mayores errores que una compañía puede cometer en una economía turbulenta
1. Despedir personal de talento.
2. Recortar en tecnología.
3. Reducir riesgos.
4. Detener el desarrollo de productos.
5. Permitir que las juntas directivas reemplacen directores ejecutivos orientados al crecimiento con directores ejecutivos orientados al recorte de costos.
6. Dar marcha atrás en globalización.
7. Permitir que el director ejecutivo reemplace la innovación como estrategia clave.
8. Cambiar las mediciones de desempeño.
9. Privilegiar la jerarquía sobre la colaboración.
10. Replegarse a una fortaleza amurallada.

Es natural que las compañías sean más conservadoras cuando tienen preocupaciones presupuestales, pero las que no toman riesgos, no invierten en desarrollo de producto y juzgan mal la necesidad de colaboración tendrán dificultades para competir cuando el mercado se recupere.

Por otra parte, las compañías que invierten en investigación y desarrollo, y en desarrollo de nuevos productos, siguen haciendo dinero cuando los tiempos son difíciles. De hecho, más que simplemente continuar haciendo dinero, serán unas triunfadoras que siempre saldrán adelante en las épocas más difíciles, y que derrotarán a la competencia sobre la base de algo nuevo. Por ejemplo, Apple trabajó en iTunes, el iPod y sus tiendas de ventas al por menor durante la recesión del 2001, y quedó perfectamente posicionada para aplastar a su competencia cuando retornó el crecimiento.

Otro ejemplo es el de Gillette, que introdujo su marca Sensor de productos para afeitarse, en medio de la recesión de principios de los años 90. Para 1997, el 49% de las ventas de Gillette provenía de los nuevos productos introducidos en los cinco años anteriores.

O Intel, que durante la recesión del 2001 invirtió en innovaciones un 14% de sus ventas (nada menos que un 174% de las utilidades de ese año) para producir *chips* para computadores, más rápidos, más baratos y más pequeños. Intel siguió introduciendo nuevos productos con una anticipación de meses y reportó su más alta tasa de crecimiento desde 1996.[16]

Apple, Gillette e Intel no cometieron ninguno de los diez mayores errores en innovación que una compañía puede cometer durante una economía turbulenta. Su compañía tampoco debe cometerlos.

Una de las claves para negociar su ruta a través de la turbulencia es adaptarse a una mentalidad dura. En tiempos duros reina el pragmatismo. A medida que los resultados empresariales empeoran, es tentador echarle la culpa a un entorno económico duro, pero incluso en los tiempos más duros, ciertos competidores aventajan a otros. La única manera de salir victorioso en la turbulencia que nos espera es aprovechar el momento: tomar decisiones duras y prácticas que le den a su compañía y sus productos una oportunidad de pelear y de sobrevivir — tal vez incluso de prosperar.

Vender menos y a descuento

La paradoja de los precios es uno de los mayores escollos que enfrenta la gerencia durante una economía óptima. Cuando la economía va a la baja y las ventas empiezan a declinar, la fijación de precios puede ser la peor pesadilla. Efectuar descuentos en los precios es siempre un riesgo, pero cuando se hace de manera incorrecta puede tener un efecto siniestro y paralizante en una empresa. Un estudio de caso en curso es el de Starbucks Coffee. Sus utilidades del tercer trimestre del 2008 bajaron un 97% hacia noviembre de ese año, mientras que su competidor más nuevo, McDonald's [McCafé], descubrió una manera de prosperar en ese tiempo. McDonald's Corp. reportó que las ventas en puestos abiertos al menos un año habían subido 8,2% en octubre del 2008, mientras que sus ventas en el exterior y su segmento estadounidense relativamente maduro también registraban utilidades sólidas. A lo largo y ancho de su sistema, las ventas subieron 5,4% (o 9,9% si se medían en monedas constantes, esto es, una tasa de cambio que elimina los efectos de las fluctuaciones de la tasa de cambio utilizada cuando se calculan cifras de un desempeño financiero).[17]

¿Cómo puede ser que McDonald's tenga todavía la energía y el impulso para correr cuesta arriba cuando Starbucks a duras penas puede gatear? El motivo esencial puede ser que Starbucks no ha hecho ni ofrecido nada diferente de lo usual durante estos tiempos económicos difíciles. Por otra parte, McDonald's tiene toda una nueva línea de ofertas especiales, que son una combinación de precios más bajos y cantidades más pequeñas —todas con una nueva marca que promueve nuevo valor para el cliente, justo cuando los consumidores más lo necesitan.

Adicional a los problemas que tiene Starbucks, la ubicua cadena de hamburguesas está a punto de lanzar por su cuenta un ataque directo. Para el 2009, McDonald's planeaba añadir expendios de café premio tipo Starbucks en 14 000 de sus restaurantes en los Estados Unidos — la diversificación más grande jamás acometida por la compañía. McDonald's ha hecho ya incursiones menores en el mercado de café, con algún éxito. El año pasado, *Consumer Reports* clasificó su café filtrado (a diferencia del café expreso) por encima del ofrecido por Starbucks.[18]

Como sus utilidades del tercer trimestre del 2008 cayeron en un 97%, Starbucks puede empezar a efectuar desesperadamente descuentos en su línea de productos de café *premium*[19]. Con sus negocios a la zaga, la compañía está ya defendiéndose con una estrategia de "si no puedes vencerlos, úneteles", y ofrece sánd-wiches calientes para el desayuno y añade ventanillas de servicio al automóvil en algunas de sus sucursales[20]. Aquí el problema es que si las compañías recurren a un "remedio rápido" en vez de mirar hacia adelante y agregar valor, casi seguramente fracasan. Más bien, al producir una nueva marca y línea de tazas de café a precios más bajos y posiblemente más pequeñas, Starbucks reconoce que los tiempos son duros y que se preocupa por sus clientes. Al mismo tiempo, la compañía está preservando el activo de su marca, en su siempre exitosa serie de bebidas de café de alta calidad. Un Venti Latte, un Grande Mocha Frappuccino y las otras bebidas de café de alta calidad de Starbucks no deben ser nunca vendidas con descuento —en buenos o malos tiempos— no importa lo que pase.

Rebajar precios afecta terriblemente las utilidades. Con solo un 10% de descuento, una firma tiene que vender 50% más unidades si quiere mantener la misma utilidad en el balance. Los costos también aumentan en el juego de descuentos, de modo que las compañías pueden literalmente efectuar descuentos hasta quedar por fuera. En vez de restarle al trato dinero en efectivo, pregúntese si hay alguna manera como pueda agregar valor a su producto o servicio. Esta proposición de "valor agregado" significa que usted puede "regalar" algo que no sale de sus utilidades. Si se hace bien, puede también añadir a la experiencia que tenga el cliente, tanto de la transacción misma, como de su compañía. Una gran experiencia es clave para conseguir que el cliente siga comprando — lo que a su vez es clave para una compañía muy lucrativa a lo largo del tiempo.[21]

Divorciarse de los clientes para reducir gastos relacionados con las ventas

Cuando la turbulencia es tan altamente volátil, los gerentes que no están constantemente revaluando el costo y la rentabilidad de los clientes con los que hacen transacciones descubrirán que pierden dinero y finalmente cuota de mercado.

Hay estudios que muestran que solo entre el 2 y el 4% de la población está hoy en el mercado comprando un producto o servicio cualquiera. Queda pues un remanente del 96 al 98% que no comprará hoy, pero que, eventualmente, entrará en el mercado a comprar.[22]

Cuando hay estrechez, es natural atender a los clientes con los que se hacen transacciones aquí y ahora que están dispuestos a comprar. Pero recuerde que esos clientes, que están buscando la mejor opción, vendrán donde usted por el bajo precio, pero que también lo abandonarán —y pronto— para irse donde otro que tenga un precio todavía más bajo.

Los gerentes que olvidan invertir en el cliente relacional, aquel que está buscando la marca o experiencia que le inspira confianza y que vuelve siempre sin importarle el precio, pondrán tarde o temprano en peligro el futuro de su compañía. Esto es especialmente peligroso cuando consideramos las documentadas investigaciones que han revelado muchos mercados en los que un pequeño porcentaje de clientes representa un alto porcentaje de las ventas totales. Por ejemplo, el hombre que se toma ocho Coca-Colas al día vale más la pena, en utilidades y atención, que la mujer que se las toma en un mes.

Hay estudios que muestran que durante una recesión deben reevaluarse las relaciones con clientes poco lucrativos. Cuando el Asia Oriental sufrió una crisis monetaria en 1997, Singapore Airlines siguió dando utilidades al recortar rutas en trayectos cortos e invertir 300 millones de dólares en atención a viajeros de primera clase o de clase ejecutiva[23]. Singapore Airlines logró la ventaja competitiva al invertir en sus viajeros del extremo alto del mercado, pero aunque la compañía recortó vuelos cortos, no los suprimió del todo. Más aún, simplemente porque la economía vaya lentamente, la gerencia no debe descuidar el riesgo de que otros entren en su industria o la posibilidad de la aparición de productos sustitutos que le arrebaten clientes.

Recortar gastos en entrenamiento y desarrollo en crisis económicas

Cuando los gerentes están tratando de capear una tempestad, invertir en entrenamiento y desarrollo es una baja prioridad. Ambos se consideran gastos prescindibles. Sin embargo, reducir en este aspecto clave del crecimiento podría también reducir su cuota en un mercado que ya se está encogiendo. Realmente, ¿puede usted permitirse perder cuota de mercado?

El entrenamiento no afecta solo al balance. Le da a las empresas la oportunidad de identificar debilidades o áreas en las que una compañía tiene que mejorar, antes de que esos rotos en su armadura sean evidentes para sus competidores y amenacen el crecimiento. A la inversa, entrenamiento y desarrollo permiten a la compañía conservar empleados en la línea de vanguardia.

En Australia, por ejemplo, se introdujo una iniciativa de evaluación del entrenamiento para que compañías de varias industrias se dieran cuenta del "significativo incremento en los rendimientos finales que podría darse si identificaban y aprovechaban las oportunidades de entrenamiento altamente lucrativas que a menudo existen dentro de sus propias empresas". Se hicieron estudios de caso en los que se evaluaba el entrenamiento en varias compañías australianas, que variaban en tamaño desde 400 hasta 27 000 empleados. El informe final reveló en todos los casos rendimientos positivos en la inversión, pues las mejoras iban desde un 30% (entrenamiento en eficiencia en combustible) hasta un 1227% (entrenamiento en seguridad).[24]

Las compañías que no entienden el valor del entrenamiento y el desarrollo pierden, finalmente, valor accionario. También pueden perder ese talento que emigra hacia competidores dispuestos a invertir en entrenamiento y desarrollo.

Subvalorar a los proveedores y distribuidores

Los proveedores y distribuidores son quienes permiten a una compañía poner la innovación en acción. De hecho, los gerentes que no se dan cuenta del valor de sus proveedores y distribuidores pueden costarle dinero a la compañía. Proveedores y distribuidores pueden ayudar a bajar los costos de corto plazo y afirmar a la compañía cuando golpea la turbulencia. El caos busca socavar esta relación.

Los errores típicos que cometen muchas compañías en cuanto a sus proveedores y distribuidores *antes* de sobrevenir la turbulencia son los mismos que cometen muchas que reaccionan instintivamente *durante* tiempos turbulentos, en busca de la preservación del flujo de caja y de la recomposición del rumbo. Lamentablemente, en tiempos turbulentos, y especialmente durante tiempos tremendamente turbulentos, las compañías necesitan a sus mejores proveedores y distribuidores acompañándolas totalmente — completamente integrados en las operaciones de la compañía.

Según Stephen Kozicki, experto en negociación y socio gerente de Gordian Business Pty., en Sidney, Australia, las épocas turbulentas son especialmente reveladoras, lo mismo que potencialmente peligrosas. Kozicki, quien ayuda a las compañías a negociar con sus proveedores, dice:

> Gestionar y negociar relaciones con *todos* los participantes es cada vez más importante en tiempos turbulentos. Cuando se alistan a conversar con sus proveedores claves durante épocas económicas difíciles, la mayoría de las compañías no comprende la importancia de negociar con el largo plazo en mente. Más bien, casi todas cometen el error de asumir un enfoque de "gran garrote" con sus proveedores, presionándolos para que rebajen precios. En épocas turbulentas, proveedores clave pueden ayudarles a las compañías ofreciéndoles una mejor mezcla de productos, productos nuevos e innovaciones en productos que resuelven más problemas y reducen costos, o incluso simplemente ayudándolas con los plazos de pago — una de las más importantes formas de ayuda que una compañía puede obtener de un proveedor.[25]

Una comprensión integrada e integral de *todos* los participantes es esencial para el éxito de una compañía en tiempos de cambio, incluso de cambio caótico. Lograr esa comprensión le ayudará a hacer las selecciones correctas. Si su compañía no tiene todavía integrados suficientemente a sus proveedores y distribuidores de más alta calidad, puede que haya llegado el momento de llevar sus relaciones con ellos a otro nivel. Lamentablemente, sin embargo, pocas compañías lo hacen. La figura 2-2 enumera los diez errores más comunes que, en cuanto a valiosas personas con intereses en la compañía, cometen las compañías en tiempos turbulentos. A cada error se aparea la práctica que mejor lo corrige.

Escatimar en proveedores es otro remedio fácil que puede hacer más daño que beneficio. Las contracciones y la turbulencia no duran toda la vida. Forzar a los proveedores a que rebajen los precios o a los distribuidores a que reciban más inventario de producto que la compañía sabe que no puede vender en el trimestre siguiente (esto es, abarrotar a los comerciantes) será algo recordado mucho tiempo después de que pase la turbulencia. Hay que manejar cuidadosamente los costos. La clave está en la coherencia. Una compañía no debe actuar de una manera en tiempos buenos y de otra en malos. De otro modo, proveedores, distribuidores y otros interesados en los negocios de la compañía perderán confianza en ella y declinarán la cooperación y la productividad.

Cuando una compañía no comprende la cantidad de valor agregado que hay en mover los nuevos productos que los proveedores y distribuidores traen a la mesa, no solo se queda detrás del resto sino que la atropellan cuando cesa la tempestad y vuelve a salir el sol.

El Bank of America parecía estar asoleándose muy tranquilamente cuando el 15 de septiembre del 2008 absorbió a una afectada Merrill Lynch que estaba a punto de sufrir la misma desgraciada suerte de Lehman Brothers. El banco tenía grandes deseos de apoderarse de las acreditadas y lucrativas divisiones de banca privada y de inversión de Merrill Lynch, incluyendo las que tenía en Europa y Asia. Sin embargo, poco después de la adquisición,

ERROR	MEJOR PRÁCTICA
1. Duplicación de capacidades	La mejor práctica sugiere que las compañías deben hacer grandes esfuerzos por evitar duplicación de capacidades entre sus proveedores y distribuidores y ellas mismas, y enfocarse en extirpar redundancia y costos.
2. Complejidad de contratos	La mejor práctica sugiere que las compañías deben hacer contratos sencillos con base en la confianza que se haya forjado a lo largo del tiempo, incluyendo ejecución de contratos que se base en trabajo con sus proveedores y distribuidores, día tras día, poniendo énfasis en la mejora continua y la economía de gastos compartida equitativamente para lograr ganancias mutuas.
3. Insuficiencia de sistemas de calificación del desempeño	La mejor práctica sugiere que las compañías hagan grandes esfuerzos por tener sistemas calificadores de proveedores y distribuidores fáciles de entender y que den retroalimentación inmediata, con un enfoque especial en: (1) identificar áreas con problemas y (2) elaborar métodos para eliminar o mitigar cualesquiera dificultades, pero que no se usen para castigar un desempeño insatisfactorio.
4. Especificación o desarrollo inadecuados de productos	La mejor práctica sugiere que las compañías tengan proveedores y distribuidores que se adelanten a sugerir modificaciones, que puedan mejorar los productos y reducir los costos, y que se vean premiados por esa contribución.
5. Proceso de selección único	La mejor práctica sugiere que en vez de que los proveedores sean seleccionados sólo por los departamentos de compras, las compañías hagan su selección con base en aportes sustanciales de grupos multifuncionales dentro de la compañía. Este enfoque aparta a la compañía del criterio unidimensional para elegir proveedores (bajo costo) y para seleccionar distribuidores (alto margen), y la conduce por una estrategia que extrae todo el valor de las capacidades de ambos grupos.

Error	Mejor práctica
6. Separación física de proveedores y distribuidores clave	La mejor práctica sugiere que la ubicación contigua de instalaciones promueve una mejor comunicación entre proveedores y distribuidores clave y la compañía, y da a esta un mayor control sobre sus intereses dentro de las operaciones de proveedor y distribuidor.
7. Mantenimiento de demasiados proveedores	La mejor práctica sugiere que para mejorar la gestión de proveedores, las compañías adopten más fuentes únicas o reduzcan sus relaciones con sus fuentes, consolidando así su base de proveedores de tal modo que recursos limitados puedan concentrarse en un número manejable de proveedores, que así reciben la atención que merecen para alcanzar un alto desempeño. Asimismo, los proveedores reciben suficiente volumen de pedidos de las compañías, lo cual les permite invertir sus propios recursos en optimizar su proceso productivo y producir así un componente a un precio más competitivo.
8. Mantenimiento de los proveedores y distribuidores equivocados	La mejor práctica sugiere que las compañías esperan demasiado para eliminar relaciones con proveedores y distribuidores de desempeño flojo o marginal, o cuyas relaciones con la compañía son irreparables. Durante épocas turbulentas, se exacerban los problemas de esas relaciones.
9. Carencia de inversión en entrenamiento de proveedores y distribuidores	La mejor práctica sugiere que las compañías que entrenan a sus proveedores y distribuidores reducen costos operativos y aumentan ventas más que aquellas que no lo hacen, y suben la calidad tanto de productos como de servicios ofrecidos a la compañía y a sus clientes.
10. Carencia de inversión en comunicación con los proveedores y distribuidores	La mejor práctica sugiere que las compañías inviertan en diversos métodos para mejorar sus comunicaciones con sus proveedores y distribuidores, reduzcan la mala comunicación y den retroalimentación sobre asuntos de interés mutuo, lo cual es especialmente decisivo en épocas turbulentas y de perturbación del mercado. Muchas compañías piden a sus proveedores y distribuidores que las califiquen y comparen sus prácticas de gerencia con las de sus directos competidores.

Figura 2-2 *Los diez errores más comunes que cometen las compañías con sus interesados o participantes en tiempos turbulentos.*

aparecieron nubarrones tempestuosos, cuando empezaron a surgir las pérdidas de Merrill Lynch. Bajo dura presión por parte de la Reserva Federal, el Bank of America apresuró el trato sin ejercer una adecuada diligencia debida. Como resultado, en solo cuatro breves meses, entre mediados de septiembre del 2008 y mediados de enero del 2009, el capital del Bank of America bajó a 40 000 millones de dólares, habiendo sido de 50 000 millones antes de la adquisición de Merrill Lynch.

Por otra parte, quedándose más cerca de sus raíces de banca al por menor, la trayectoria del Bank of America en la creación de servicios bancarios innovadores es impresionante. Por ejemplo, creó una cuenta de ahorros bastante novedosa y práctica para sus clientes particulares. Por su comprensión del comportamiento del cliente, el banco pudo producir una proposición de valor para sus clientes. Se dio cuenta de que la mayoría de las personas redondeaba sus cuentas, llevando la cifra al próximo dólar cuando hacían el balance de sus chequeras o giraban cheques. Por ejemplo, si compraban algo por 199,28 dólares, redondeaban la cantidad en su mente y en sus chequeras a 200 dólares, o si compraban otra cosa por 14,99 dólares, redondeaban la cifra en la chequera y escribían $15. El banco aprovechó esta costumbre e introdujo un servicio que redondea las cifras por los clientes en los informes mensuales del movimiento de la cuenta, y pone las diferencias en una cuenta separada de ahorros del cliente, en la cual le abona intereses. Al final del año, los clientes cuentan con un efectivo extra que, aunque ciertamente suyo, no lo han contabilizado durante el año.

La mayoría de compañías son incapaces de ver que el Bank of America siguió atentamente los comportamientos de la gente, no su modo de pensar racional. A las personas les gusta la idea de tener una sorpresa al final del año o cuando necesitan dinero extra.

Conclusión

La turbulencia y el caos producen lo bueno, lo malo y lo feo. Las decisiones gerenciales equivocadas contribuyen a las consecuencias y efectos resultantes, y los amplifican. La gerencia que recurre a ingeniería financiera en vez de trabajar en los fundamentos esenciales agrava la precaria situación que produce el caos.

Para atestiguarlo, un ex vicepresidente de una importante compañía metalúrgica explicaba la postura de su compañía a finales de los años 80: "El resto de la industria vivía un ciclo ascendente, levantaba los pies sobre la mesa y se relajaba, pero nosotros nos movíamos a otro nivel para estar preparados para la próxima contracción".

En contraste, el Citibank estaba en 1990 en una situación precaria, debido a que había buscado incrementar su cuota de mercado a expensas del flujo de caja y de la rentabilidad. En palabras de uno de sus altos ejecutivos, "usted quiere crecer y entonces presta más. El control del crédito no era tan bueno como debía haber sido, y estábamos cargando el énfasis puesto en la cuota de mercado". Para evitar que el Citibank se arriesgara más, los reguladores federales entraron a supervisar durante los años siguientes el retorno de la compañía a la estabilidad financiera.[26]

Y mire donde está hoy otra vez el Citibank — el mejor ejemplo del resultado de tomar malas decisiones. Tenga en cuenta que el Citigroup es uno de los más grandes emisores de tarjetas de crédito de los Estados Unidos, con 54 millones de usuarios activos. Además de anunciar 50 000 despidos de personal a mediados de noviembre del 2008, su unidad de tarjetas de crédito tuvo una pérdida de 902 millones de dólares en el tercer trimestre del 2008, en comparación con una utilidad de 1400 millones de dólares un año antes, pues un creciente número de clientes se atrasaron en sus pagos o no pagaron. De nuevo, a finales de noviembre del 2008, el Citigroup tuvo que pedirle al gobierno estadounidense que le inyectara 20 000 millones de dólares de capital nuevo *y* le ayudara además a aguantar pérdidas potenciales en activos de riesgo por valor de 306 000 millones.[27]

Cuando los gerentes toman decisiones equivocadas durante estos tiempos inciertos, hay más de un dólar involucrado. Menospreciar la creación de valor en tiempos turbulentos no solo hunde el barco sino que se lleva pasajeros y tripulación con él, como fue el caso del Citibank. Malas decisiones y falta de buen juicio pueden tener un efecto de espiral que deje a la compañía remando angustiosamente hacia la orilla o, peor aún, atrapada en un oleaje incontenible. Prosperar en una economía turbulenta demanda más que simplemente suerte o intuición instintiva. Demanda una nueva actitud mental, planear seriamente y emplear las estrategias correctas.

CAPÍTULO TRES

El modelo *Caótica*

El manejo de la vulnerabilidad y la oportunidad

Desechar la ilusión de que se puede predecir el futuro es algo muy libe-
rador. Todo lo que uno puede hacer es darse la capacidad de responder
a lo único seguro en la vida, que es la incertidumbre. La producción
de esa capacidad es el propósito de la estrategia.

—Lord John Browne, director ejecutivo del Grupo BP[1]

EN TIEMPOS CAÓTICOS, el tradicional plan estratégico de tres
años es anacrónico e inútil. De hecho, el enfoque tradicional de
la estrategia requiere predicciones precisas, lo que a menudo lleva
a los ejecutivos a subestimar incertidumbre y caos causados por
recurrente e impredecible turbulencia. En la era de la turbulencia,
este enfoque puede ser francamente peligroso.

En el centro del enfoque tradicional de la estrategia está el
supuesto de que si se usa un conjunto de potentes herramientas
analíticas, los ejecutivos pueden predecir el futuro de cualquier
empresa con la suficiente precisión para elegir una dirección
clara y estratégica para ella. Cuando el futuro es verdaderamente
turbulento y llega a altos niveles de caos, ese enfoque es, cuando

más, marginalmente útil y, cuando menos, francamente peligroso. Subestimar el caos puede conducir a estrategias que ni defienden la compañía contra la vulnerabilidad que resulta del caos ni le permite sacar ventaja de las oportunidades que surgen de él.

Hay todavía otro peligro que yace al otro extremo. Si los ejecutivos no son capaces de encontrar una estrategia que les sirva bajo los análisis tradicionales, pueden decidir abandonar del todo el enfoque disciplinado al planificar, y en su lugar basar sus decisiones en intuiciones e instintos viscerales.

A medida que entramos en esta nueva era, subirá la turbulencia y el caos impactará empresas y organizaciones en todo el mundo. Más adelante, la nueva era —la era de la turbulencia— se caracterizará por épocas de una "normalidad" de nuevo cuño, salpicada de brotes de prosperidad y de contracciones (ver figura 3-1). En años anteriores, la normalidad significaba, en gran medida, graduales

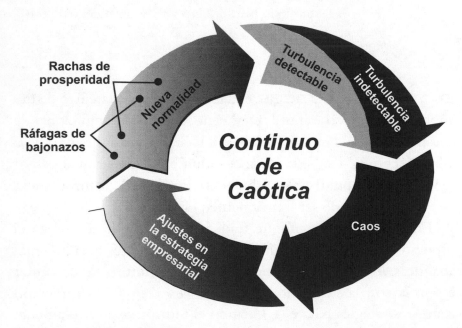

Figura 3-1 *El continuo de Caótica.*

y continuas alzas y bajas que semejaban un pájaro volando por el cielo, a veces subiendo y otras descendiendo, pero siempre airoso y en control. En la era de la turbulencia, sin embargo, habrá cambios más abruptos y erráticos en estas suaves trayectorias.

Y durante épocas de normalidad, empiezan a acumularse las fuerzas naturales de los muchos y nuevos provocadores de turbulencia: los avances e innovaciones tecnológicas; los efectos crecientes y perturbadores del surgimiento de mercados emergentes, que se están abriendo paso hacia esos nuevos escalones que siempre pertenecieron a las élites de los mercados maduros; la hipercompetencia de competidores cada vez más agresivos, que establecen las reglas a medida que avanzan, golpeando desde cualquier parte y de todas partes y en cualquier momento; los empujones hacia adelante de los fondos soberanos de riqueza y los empujones hacia atrás de quienes los resisten; el número creciente de interesados y voceros; y, finalmente, los nuevos poderes que tienen los clientes, y otros interesados, para producir perturbaciones en las empresas cuyas actuaciones no les gusten a esos nuevos agentes de poder.

Cuando estos desencadenantes se acumulan y alcanzan niveles cada vez más altos, revientan en los vientos y olas de la turbulencia. Esta puede surgir en cualquier momento, en cualquier forma y en cualquier parte — produciendo diversos grados de perturbación y caos en las empresas. Las compañías que estén más alertas, las que tengan listos sistemas de alarma temprana, serán las que detectarán la turbulencia. Alguna turbulencia pasará totalmente inadvertida o sólo será detectada después de que empiece el caos — incluso por parte de las empresas más vigilantes y con los más avanzados sistemas de detección. Sí, esto significa que en cualquier momento o en cualquier parte puede surgir súbita y rápidamente la turbulencia, produciendo caos y perturbando empresas, en formas que la alta gerencia no podía ver. Y mientras los altos ejecutivos imaginan lo peor, muchos de ellos también se darán cuenta de que no pueden hacer mucho para proteger sus compañías, incluso de alguna de las turbulencias que fue detectada. De modo que, finalmente, la mejor manera que tienen de proteger sus empresas es prepararse ellos y preparar sus organizaciones tanto como puedan, mantener alto su nivel de paranoia y permanecer muy alerta.

Ese tipo de turbulencia puede ocurrir a nivel macro (global o regionalmente, o dentro de un país) o a nivel micro (dentro de una industria o una compañía). No es posible predecir la turbulencia, de modo que identificar sus señales tan tempranamente como sea posible se convierte en uno de los factores críticos para el éxito futuro de la empresa.

Antes del colapso financiero del 2008, el Citigroup debió haber tenido en cuenta los tempranos avisos que estaban surgiendo. Meredith Whitman, un analista bancario, había declarado más de un año antes: "El Citigroup ha manejado tan mal sus asuntos que hubiera tenido que rebajar sustancialmente su dividendo o quebrarse". Aun antes, el inversionista en fondos Steve Eisman había hablado de los riesgos de las hipotecas *subprime:* "(Long Beach Financial) estaba sacando dinero tan rápidamente como podía, sin hacer preguntas, en préstamos diseñados para autodestruirse. Se especializaba en pedir a dueños de casas, con mal crédito y sin pruebas de ingreso, que no pagaran cuota inicial y aplazaran sus pagos tanto como fuera posible. En Bakerfield, California, a un recolector de fresas mexicano, con un ingreso de 14 000 dólares anuales y que no sabía inglés, se le prestó hasta el último centavo que necesitaba para comprar una casa por 720 000 dólares"[2].

Ivy Zelman, en ese tiempo analista de mercado de vivienda en el Credit Suisse, también había visto, desde muy temprano, que se estaba formando la burbuja. Existe una sencilla medida de sensatez en los precios de vivienda: la proporción del precio promedio de la casa sobre el ingreso. Tradicionalmente, esto gira alrededor de 3 a 1; hacia finales del 2004 había subido nacionalmente y llegó a ser de 4 a 1. "Todo lo que esa gente estaba diciendo que en algunos otros países era así de alto —dice Zelman—, pero el problema no era simplemente que fuera de 4 a 1. En Los Ángeles era de 10 a 1 y en Miami de 8,5 a 1. Cuando usted apareaba eso con los compradores, no eran compradores reales, eran especuladores".

Pasadas por alto estas advertencias, la turbulencia y el caos hicieron erupción, expusieron claras vulnerabilidades a la empresa comercial y la obligaron a ajustar sus estrategias —y su modelo empresarial— para superar cualquier efecto perjudicial. Eisman lo sintió y, a pesar de repetidas negativas por parte de prácticamente todo el "establecimiento" de Wall Street, incluyendo a la Reserva Federal y la Comisión de Valores, redujo sus valores respaldados por *subprimes* y, al hacerlo, minimizó su vulnerabilidad y aprovechó las oportunidades que los expertos pasaron por alto.

Suponga que en una entrevista en vivo, por una cadena de televisión, el presidente de su mayor competidor anuncia un nuevo producto, con una tecnología de punta que rompe todos los estándares de la industria, con la cual esta ha estado soñando durante los últimos cinco años y, prácticamente, vuelve obsoleta su línea de productos más grande y más lucrativa. La pregunta es: ¿Cómo fue que usted no vio que su mayor competidor —o cualquier competidor para el caso— estaba tan cerca de alcanzar un éxito de esa magnitud que cambiaba las reglas del juego en su industria?

Alternativamente, la turbulencia puede abrir nuevas oportunidades a su empresa, que pueden ser aprovechadas con su actual modelo empresarial o con uno nuevo. Súbitamente, usted recibe una llamada urgente de su director financiero, que está asistiendo a un simposio sobre intercambio de créditos y derivados en Chicago. Está llamando para informarle que acaba de enterarse de que su mayor competidor está planeando pedir protección contra bancarrota más tarde ese mismo día. La fábrica más grande del competidor se ha incendiado y él no estaba amparado por un seguro. Los banqueros están pidiéndole que les pague lo que les debe y la mora en que ha incurrido. Su director financiero también le dice que el director ejecutivo de la firma competidora está esperando a hablar con usted, en la otra línea telefónica, para ofrecerle el mejor negocio de su vida. Y usted nunca se dio cuenta de que esto iba a pasar.

Situaciones caóticas como esa pueden ocurrir una y otra vez, dando lugar a oportunidades, o crisis. Las organizaciones tendrán que aprender a aprovechar las extraordinarias oportunidades que surgen durante períodos de inmensa incertidumbre. Los líderes empresariales tienen que empezar ya a evaluar el amplio conjunto de resultados macroeconómicos, armar un conjunto igualmente amplio de escenarios con respuestas estratégicas apropiadas, y luego tomar medidas que vuelvan a sus compañías más reactivas, robustas y capaces de resistir y recuperarse.

Un artículo de diciembre del 2008 en el *McKinsey Quarterly* hablaba de la incertidumbre que rodeaba la crisis crediticia global y la recesión mundial. Ese artículo describía la amplia gama de resultados posibles en los cuatro escenarios mostrados en la figura 3-2, y anotaba además que eran posibles muchas variantes.[3]

Para enriquecer los escenarios, cada compañía tendrá que insertar tendencias y sucesos industriales y empresariales adicionales. Los ejecutivos empresariales tendrán que producir opciones estratégicas y tácticas, de defensa y ofensa, en los escenarios más factibles — y hacerlo pronto.

El objetivo final de todos los líderes empresariales es el de crear una compañía viable, vibrante, creciente y lucrativa, que pueda sostenerse a sí misma para beneficio de todos quienes tienen intereses en ella — y hacerlo durante todo el tiempo posible. A medida que usted y su organización avanzan a lo largo del trabajo de *Caótica,* el objetivo es alcanzar un alto nivel de sostenibilidad empresarial para

Los mercados mundiales crediticios y de capital reabren y se recuperan

Severa recesión global | **Moderada recesión global**

Escenario: Mercados golpeados pero resistentes

Recesión prolongada de 18 meses o más.

Nuevo y efectivo régimen regulador.

Recuperación generada por políticas fiscales y monetarias efectivas y encabezada por ciertas zonas geográficas (por ejemplo, China, Oriente Medio, los Estados Unidos).

Alcance de proporciones de apalancamiento seguras, lo cual lleva a una lenta reanudación del comercio y del volumen de préstamos.

Moderada recuperación de flujos de comercio y capital.

Recuperación gradual del curso de la globalización.

Recuperación lenta de ciertas actitudes.

Escenario: Ímpetu global regenerado

Recesión moderada de entre 2 y 4 trimestres, seguida por fuerte crecimiento económico.

Nuevo y eficaz régimen regulatorio.

Alcance de proporciones seguras de apalancamiento, lo cual lleva a rápida expansión del comercio y volúmenes de préstamos.

Recuperación a niveles históricos del costo de capital.

Pronta recuperación de los flujos comerciales y de capital.

Curso normal de la globalización; las economías desarrolladas y emergentes permanecen conectadas.

Rebote de las actitudes; se hacen positivas.

Escenario: Bloqueo o congelamiento prolongados

Duración de la recesión durante más de cinco años, como en Japón en los años 90.

Ineficacia de las políticas regulatorias, fiscales y monetarias.

Estancamiento de todas las zonas geográficas.

Proporciones defensivas de apalancamiento, con flujos de crédito restringidos y comercio en mercados ilíquidos.

Significativa intervención gubernamental en la asignación de crédito.

Muy lenta recuperación del comercio y de los flujos de capital.

Entrada en reversa de la globalización.

Actitudes mucho más defensivas y nacionalistas.

Escenario: Globalización estancada

Recesión moderada de 1 a 2 años, seguida por crecimiento económico lento.

Aglutinación del sistema gracias al régimen regulador, pero la economía está frenada (por ejemplo, el costo de intermediación es más alto).

Proporciones de apalancamiento demasiado seguras.

Significativa intervención gubernamental en asignación de crédito.

Costo notoriamente más alto del capital que antes de la crisis.

Estancamiento de la globalización.

Actitudes más defensivas y nacionalistas.

Los mercados globales de crédito y capital cierran y permanecen volátiles

Figura 3-2 *Cuatro escenarios económicos y posibles resultados. (Fuente:* "Hard, Harder, Hardest Times", *del artículo* "Leading Through Uncertainty", *de Lowell Bryan y Diana Farrell,* The McKinsey Quarterly, *diciembre del 2008.)*

su compañía. Para hacer esto, su compañía deberá aprovechar todas las oportunidades creadas por el caos —y vistas como los *puntos de inflexión del caos*— y tomar las medidas protectoras necesarias para minimizar cualquier daño potencial por las vulnerabilidades a las que está expuesta (ver figura 3-3). Nosotros exploraremos lo relativo a la sostenibilidad empresarial en el capítulo seis.

Como vimos en el capítulo uno, los *puntos de inflexión estratégica* de Andy Grove[4] se presentan en todas las empresas como resultado directo de fuerzas específicas que afectan a determinados negocios. A menudo vuelven obsoleta su estrategia empresarial y demandan una estrategia nueva que cambie el juego. Un punto de inflexión que recibió mucha publicidad se presentó en dos venerables firmas el 21 de septiembre del 2008. Ese día, Goldman Sachs y Morgan Stanley, los últimos bancos de inversión independientes de los Estados Unidos, se convirtieron en compañías *holding,* un movimiento que alteró fundamentalmente el panorama de Wall Street, pues señaló la defunción de la legendaria Ley Glass-Steagall, de 1933, que separó los bancos de inversión de los bancos minoristas después de empezar la Gran Depresión.[5]

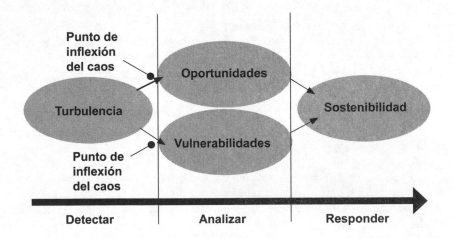

Figura 3-3 *De la turbulencia a la sostenibilidad.*

La turbulencia es errática — e impredecible. Provoca ciertos niveles de caos, lo cual interrumpe la nueva normalidad, como se muestra en la figura 3-4.

La incapacidad de una compañía para sortear exitosamente su camino a través de un punto de inflexión estratégico hace que el negocio decline. Uno de los ejemplos más claros de una compañía —o tal vez toda una industria— incapaz de pasar a través de un punto de inflexión estratégico es la situación actual de los tres grandes fabricantes de automóviles de los Estados Unidos —GM, Ford y Chrysler—, cuyos puntos de inflexión estratégicos individuales y colectivos pasaron ya hace tiempo sin que ninguno de los tres se transformara en nuevos modelos empresariales. Meramente han luchado por sobrevivir. Todos estos fabricantes de automotores están en el negocio de producir vehículos para mover pasajeros y para embarcar carga — *hoy y mañana.* Esto ha sido bastante claro durante muchas décadas. "Los Tres Grandes"

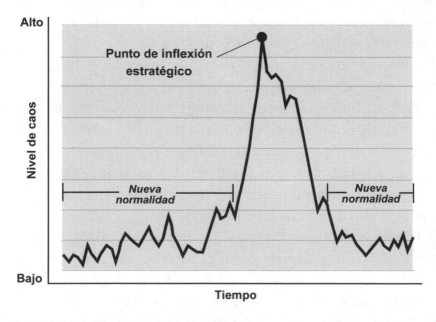

Figura 3-4 *Nueva normalidad interrumpida por el caos.*

no están en el mero negocio de producir y desarrollar motores de combustión interna basados en combustibles derivados del petróleo. Mucho antes de la brusca alza de precios del petróleo que lo llevó hasta 150 dólares el barril en julio del 2008, los indicios eran visibles: tenían que hacer algunos cambios dramáticos en sus tecnologías y ciertamente en sus propios modelos empresariales. Como mínimo, si no podían verlo en ellos mismos, sí podían darse cuenta de las incursiones que desde hacía varios años estaban haciendo los fabricantes extranjeros en automóviles híbridos y vehículos de combustibles alternativos. Después de todo, esos eran precisamente los mismos fabricantes extranjeros de automóviles que habían interrumpido el largo dominio del mercado por parte de los tres grandes. La industria automovilística estadounidense había mostrado múltiples puntos de inflexión estratégicos, mucho antes de que sus directores ejecutivos se encontraran sentados frente al Congreso de los Estados Unidos en noviembre del 2008, con sus manos extendidas pidiendo dinero para mantener a flote sus compañías. Fueron incapaces de reconocer que sus modelos empresariales seguían decayendo más y más.

Una vez que se alcanza el punto de inflexión estratégico, los líderes empresariales se ven forzados a lidiar con vulnerabilidades, previamente no expuestas, de sus compañías, o a enfrentar las nuevas oportunidades que aparecen — y hacerlo en una forma deliberada y a veces audaz, que a menudo requiere adoptar una nueva actitud mental, necesaria para rebasar estrategias y modelos empresariales ya obsoletos. Generalmente, una nueva actitud mental significa acercarse a las fuentes de los cambios que pueden estar en el centro de las vulnerabilidades ocultas. Aquí damos sólo una lista corta de los nuevos comportamientos que deben considerarse[6]:

1. *Los líderes empresariales y los altos ejecutivos deben empezar a ver el cambio directamente.* Deben visitar los lugares donde se está presentando. Tienen que sentir el cambio personalmente, no simplemente leer acerca de él en una revista de negocios o saberlo de boca de un consultor o verlo en el informe de un empleado. En vez de eso, deben visitar un laboratorio de nano o biotecnología, hablar con un grupo de veinteañeros para entender cómo están pensando, mantener discusiones con ecologistas apasionados o activistas antiglobalización. A medida que se incrementa el cambio también debe incrementarse el compromiso personal de los altos ejecutivos por comprenderlo.

2. *La gerencia ejecutiva debe eliminar filtros.* Los líderes empresariales deben asegurarse de que no se censuren sus opiniones y de que no esté bloqueado su acceso a verdades desagradables por parte de alguien en sus organizaciones que pueda estar interesado en protegerlas. Se debe hablar con clientes potenciales que no estén comprándole a su compañía; salir a comer con los empleados que piensan más libremente; establecer un comité ejecutivo en la sombra, cuyos miembros tengan, en promedio, diez o veinte años menos que los del comité ejecutivo "real"; revisar las propuestas que nunca fueron más allá de los jefes de división o de las vicepresidencias; y decirle a todo el mundo en la compañía que la oficina del director ejecutivo acepta y recibe correo electrónico, abierto y anónimo, de parte de los empleados que quieran proponer ideas nuevas para ganar o ahorrar dinero.

3. *Los líderes empresariales deben aceptar la inevitabilidad de que la estrategia decaiga.* Aunque es fácil admitir que nada dura para siempre, a los altos ejecutivos les queda más difícil admitir que una de sus estrategias esté empezando a perder eficacia.

Más allá de desarrollar y adoptar una nueva actitud mental, los ejecutivos empresariales deben dejar de depender de la estrategia de los dos manuales de juego —uno para mercados al alza y otro para mercados a la baja— y afinar continuamente sus estrategias o incluso descartarlas cuando el entorno así lo demanda. La principal dificultad reside en el hecho de que sus estrategias empiezan a consolidarse, se optimizan y se incrustan más hondo durante rachas de normalidad, lo que los deja mal preparados para el momento en el que se suelta la turbulencia.

Lo que sigue es un marco de referencia para ese nuevo sistema: *el sistema de gerencia* Caótica (ver la figura 3-5).

La gerencia de Caótica es un enfoque sistemático para detectar y analizar la turbulencia y responder a ella y al caos consiguiente. El sistema de gerencia Caótica consiste en tres componentes principales:

• Detectar fuentes de turbulencia mediante el desarrollo de *sistemas de alarma temprana*.

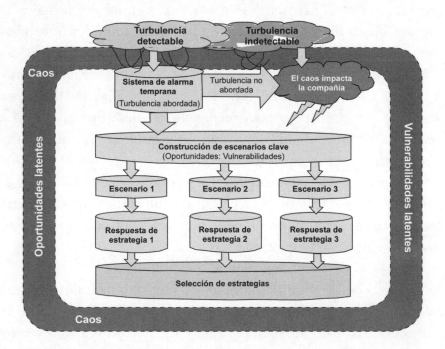

Figura 3-5 *Sistema de gerencia de Caótica.*

- Responder al caos mediante *la construcción de escenarios clave.*
- *Seleccionar la estrategia* con base en la priorización de escenarios y una actitud frente al riesgo.

Construir un sistema de alarma temprana

Sabemos que la turbulencia puede llegar en cualquier momento y de cualquier parte, y que algo de ella será detectable y algo no. La turbulencia que se detecte debe analizarse y luego actuar sobre ella lo más pronto posible para poder identificar (1) las oportunidades que puedan revelarse y aprovecharse y (2) las vulnerabilidades para la empresa, de modo que se puedan minimizar o anular del todo.

La turbulencia que no se detecta (incluyendo la que sí se detecta, pero sobre la cual la gerencia es incapaz de actuar o está poco dispuesta a hacerlo, o a hacerlo lo suficientemente pronto) creará caos para la compañía. Por ejemplo, recuerde el número de veces en que usted ha estado volando en un viaje de negocios y el piloto avisa por los altavoces que se le ha informado que existe una seria turbulencia en su ruta de vuelo hacia su destino. El control de tráfico, dice el piloto, ha cambiado la ruta de su vuelo para evitar la turbulencia, lo cual causará que su llegada se retrase unos treinta minutos. Si funcionaran sofisticados sistemas de radar y detección de las condiciones meteorológicas, que constantemente transmiten información vital al control del tráfico aéreo, y no se dispusiera de comunicaciones con aquellos vuelos que son afectados por una turbulencia inesperada, su vuelo podría ser muy violento y azaroso.

Ahora imagine que su vuelo ya despegó y que tras una hora de vuelo su avión entra en una inesperada bolsa de aire o en un imprevisto remolino descendente del que ni sus pilotos ni el control de tráfico tenían ningún conocimiento. El avión y todos los pasajeros y tripulantes se ven aventados para todos lados violentamente hasta que los pilotos pueden reaccionar y trazar un nuevo plan de vuelo y sacar a todo el mundo fuera de peligro.

Ahora, finalmente, imagine que en ese mismo vuelo, mientras usted espera que le sirvan bebidas y comida tras un día largo y pesado, el piloto anuncia por los altavoces que existe una grave turbulencia justo enfrente y que es tan masiva que no hay manera de evitarla. El piloto anuncia entonces que, por su propia seguridad, la cena y las bebidas no se servirán hasta que el vuelo atraviese a salvo la turbulencia. Entonces todo el mundo se pone nervioso esperando que empiece el bamboleo.

De la misma manera en que pilotos y tripulaciones se preparan para cada uno de sus vuelos, los ejecutivos empresariales y sus organizaciones deben tomar medidas para adelantar y ejecutar sus estrategias durante tiempos turbulentos. El primer paso es desarrollar un sistema eficaz de alarma temprana que pueda detectar tanta turbulencia como sea posible, tan pronto como sea posible, y con tanta anticipación como sea posible (ver figura 3-6).

Cuando los ejecutivos empresariales empiezan a considerar la elaboración de un sistema eficaz de alarma temprana en sus compañías, tienen que tener mucha claridad respecto a las metas. Además de expedir alarmas y alertas, las metas deben incluir la identificación y la reducción del riesgo, la incertidumbre y la vulnerabilidad, lo mismo que el reconocimiento y la explotación de las oportunidades. Elevar la concienciación y educar a la gente en sus organizaciones son metas importantes. Con frecuencia, dentro de una organización, quienes realmente observan las alarmas previas son personas que simplemente no se dan cuenta de la importancia de lo que ven.

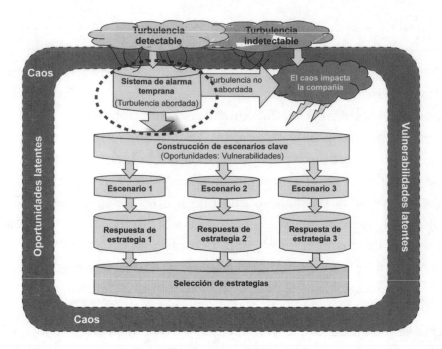

Figura 3-6 *Sistema de gerencia de* Caótica: *sistema de alarma temprana.*

Dos respetables líderes en el desarrollo de sistemas empresariales de alarma temprana son George S. Day y Paul J. H. Shoemaker, del Centro para la Innovación Tecnológica de la Escuela Wharton de Negocios. En su libro, *Peripheral Vision: Detecting the Weak Signals That Will Make or Break Your Company,* dicen que "los mayores peligros para una compañía son los que no se ven venir, y que comprender esas amenazas —y prever oportunidades— requiere una fuerte visión periférica"[7].

Por ejemplo, Day y Shoemaker citan a Mattel, el perenne líder en muñecas y juguetes para niños, que perdió 20% de su cuota en el segmento de la moda para muñecas entre el 2001 y el 2004, a favor de rivales más pequeños como MGA Entertainment, que creó una nueva línea de muñecas llamada Bratz. MGA reconoció lo que Mattel no reconoció: que las chicas menores de quince años son cada vez más sofisticadas, y que están madurando más pronto. Están dejando atrás a la Barbie más pronto y prefieren muñecas que se parezcan más a sus amiguitos adolescentes y a las estrellas pop que idolatran. A medida que el mercado objetivo para Barbie se estrecha, pasando de niñas entre 3 y 11 años a niñas entre 3 y 5, la línea Bratz redujo rápida y profundamente la cuota de mercado de la Barbie. Para el momento en que Mattel finalmente corrió en rescate de la Barbie con una nueva línea de muñecas de alta moda, el daño ya estaba hecho y la Barbie, reina de las muñecas por más de cuarenta años, había perdido una quinta parte de su reino, casi de la noche a la mañana —— y Mattel no vio venir eso.[8] (Mientras tanto, Mattel estaba adelantando una demanda judicial contra MGA, sosteniendo que un antiguo diseñador de Mattel, que se pasó a trabajar a MGA, y que creó la línea Bratz, había, en efecto, creado el concepto original de Bratz mientras era todavía empleado de Mattel. En diciembre del 2008, Mattel obtuvo una sentencia favorable contra MGA, que obligaba a esta a revertir la línea Bratz a Mattel, y a suspender su producción de la misma.)

Day y Shoemaker alegan además que "cuando una compañía examina sus áreas principales de enfoque, sus preguntas son dirigidas y sus respuestas precisas: ¿Cuál es nuestra cuota de mercado? ¿Cuáles son nuestras utilidades? ¿Han aumentado nuestros volúmenes de ventas? ¿Qué tanto cambia nuestro personal? ¿En qué andan nuestros competidores? Pero las preguntas utilizadas para examinar la periferia tienen que ser mucho más amplias y las respuestas menos precisas. Por ejemplo, como parte del proceso estratégico de Johnson & Johnson, el comité ejecutivo de esta organización y los miembros de su equipo estratégico se preguntaron: ¿Cómo se verán las condiciones demográficas en el 2010? ¿Cómo será un consultorio médico típico? ¿Qué papel desempeñará el gobierno? ¿Qué papel desempeñarán quienes pagan?".[9]

A menudo, cuando los líderes empresariales empiezan a contemplar el desarrollo de un sistema formal de alarma temprana en sus compañías, una de las primeras cosas que examinan son las piezas importantes de información e inteligencia de mercado que ellos y sus organizaciones pasaron por alto en el pasado, y que les produjeron las mayores sorpresas. El hecho es que la mayoría de las sorpresas no ocurren por falta de señales tempranas sino por falta de una cultura y una mentalidad dispuestas a verlas. Las áreas claves por vigilar son clientes y canales, competidores y complementarios, tecnologías emergentes y avances científicos (innovaciones y tecnologías perturbadoras), fuerzas políticas, legales, sociales y económicas, y gente influyente y determinante.

Day y Shoemaker recomiendan que los líderes empresariales empiecen por contestar ocho cuestiones clave, y luego organicen discusiones constantes en torno a esas cuestiones al comenzar a hablar sobre el desarrollo de un sistema de alarma temprana[10]:

1. ¿Cuáles han sido nuestros anteriores puntos ciegos? ¿Qué está pasando ahora en esos puntos ciegos del pasado?
2. ¿Hay alguna comparación aleccionadora con alguna otra industria?
3. ¿Cuáles señales importantes estamos menospreciando?
4. ¿Quién, en nuestra industria, es perito en detectar señales débiles y reaccionar frente a ellas primero que cualquier otro?
5. ¿Qué están tratando de decirnos los inconformes y disidentes?
6. ¿Cuáles sorpresas futuras podrían realmente perjudicarnos (o ayudarnos)?
7. ¿Cuáles tecnologías emergentes podrían cambiar el juego?
8. ¿Existe acaso un escenario impensable?

Otro experto que trabaja en esta área de los sistemas de alarma temprana, Ben Gilad, insiste en el mismo tema, o sea que las empresas simplemente no ven lo que tienen enfrente. Gilad se enfoca en el entorno para que las compañías puedan evitar verse despistadas por lo inesperado. El sistema de alarma temprana de Gilad es tripartito, enfocado y competitivo, diseñado para evitar lo que él llama "disonancia industrial", que ocurre cuando las realidades del mercado han superado la estrategia de una compañía. El sistema de Gilad se compone de tres elementos interdependientes[11]:

- *Identificación del riesgo.* ¿Ante cuáles desarrollos potenciales en el mercado y en la industria sería vulnerable una compañía?
- *Monitoreo del riesgo.* ¿Qué movimiento existe en el panorama empresarial o proveniente de los competidores que pueda indicar que estos factores están (o estarán pronto) en juego?
- *Actuación de la gerencia.* ¿Están los ejecutivos conscientes de la dinámica del riesgo y equipados para producir una rápida y agresiva respuesta antes de que la organización se perjudique?

"Buenos datos, y cantidades de ellos, llevan a buenas decisiones", dice Russell Chapman, un socio de Acclaro Partners, de Reston, Virginia, una firma de consultoría estratégica que presta servicios de asesoría a compañías de mercado intermedio. "Hemos tenido un éxito extraordinario ayudándoles a nuestros clientes a sobrevivir y prosperar incluso durante las épocas más difíciles, y hemos logrado que acepten una difícil lección: Ni tomar decisiones basadas en hechos ni cambiar la dirección estratégica cuando las condiciones lo ameritan es una señal de debilidad a alto nivel. Nos fascina siempre ver el entusiasmo con que los directores ejecutivos adoptan un proceso estructurado de toma de decisiones cuando se dan cuenta de que les quita de encima la presión de tener siempre la razón".

Volvamos a los tres grandes fabricantes de automóviles de Detroit —GM, Ford y Chrysler— y consideremos lo que incluso un mínimo sistema de alarma temprana pudo haberles dicho. Incluso antes de que estuvieran cabildeando en el Congreso de los Estados Unidos a finales del 2008 por un rescate de la industria avaluado en 25 000 millones de dólares era evidente que los mayores problemas de los tres grandes habían empezado mucho tiempo antes de que sobrevinieran las crisis financieras globales y las recesiones en los Estados Unidos, Europa y el resto del mundo. Uno pudiera imaginar que los tres grandes hubieran puesto en práctica un poco de gerencia de Caótica mucho antes de que los citaran al Congreso, pero no lo hicieron ni pudieron presentar siquiera un borrador de un modelo empresarial viable para llevar a sus compañías al éxito, cuando algunos miembros del Congreso les preguntaron, muy puntualmente, cómo iban a gastar ese dinero de los contribuyentes que les estaban dando. La perversa ironía de la situación es que, ese mismo día, Honda estaba abriendo una nueva fábrica en Indiana, que emplearía más de 1000 trabajadores. En los primeros nueve meses del 2008, Honda registró en los Estados Unidos un incremento en sus ventas que la llevó a tener una cuota récord de mercado del 11%, lo cual la convirtió en el cuarto fabricante de automóviles del mundo, detrás de Toyota, GM y Ford[12].

Imaginemos como podrían haber contestado los tres grandes las ocho preguntas clave, incluso cinco años antes de que solicitaran el rescate:

1. *¿Cuáles han sido nuestros pasados puntos ciegos? ¿Qué está pasando ahora en esos pasados puntos ciegos?* El continuo crecimiento

de fabricantes extranjeros de automóviles erosionó la cuota de mercado estadounidense de los tres grandes por la creciente preferencia de los compradores por los diseños y valor de los fabricantes extranjeros. También se presenta el asunto de los planes de pensión, que estaban convirtiéndose en un creciente porcentaje del costo total de operación del negocio, especialmente con una fuerza de trabajo que envejece rápidamente.

2. *¿Hay alguna comparación aleccionadora con otra industria?* Los Estados Unidos han dejado ir cuota de mercado nacional (y mundial) hacia fabricantes asiáticos de televisores, aparatos transmisores de radio y reproductores de vídeo, computadores personales y otros productos electrónicos de consumo. También está el ejemplo de la industria siderúrgica estadounidense.

3. *¿Cuáles señales importantes estamos explicándonos erróneamente?* Los estadounidenses (y otros por fuera de los Estados Unidos) preferirán comprar automóviles y camiones diseñados y fabricados en los Estados Unidos, incluso si no satisfacen las necesidades del cliente y no pueden competir en calidad con vehículos de fabricación extranjera; el problema de los fondos para pensiones quedaría resuelto con grandes aumentos en ingresos y utilidades provenientes de que los estadounidenses prefirieran comprar más a los tres grandes.

4. *¿Quién, en nuestra industria, es perito en detectar señales débiles y actuar al respecto antes que cualquiera otro?* Los fabricantes de automóviles y camiones japoneses, coreanos y europeos.

5. *¿Qué están tratando de decirnos nuestros inconformes y disidentes?* Las cuestiones medioambientales y de energías alternativas están preocupando cada vez más a los estadounidenses; el poder del "movimiento verde" está creciendo en los Estados Unidos.

6. *¿Qué sorpresas futuras pueden realmente perjudicarnos (o ayudarnos)?* El precio del galón de gasolina en los Estados Unidos es de más de tres dólares, lo cual empuja a los compradores estadounidenses de automóviles y camiones a comprar vehículos más pequeños y más eficientes en el consumo de combustible; las ventas y las utilidades no crecen más rápido que las obligaciones pensionales de los tres grandes.

7. *¿Cuáles tecnologías emergentes podrían cambiar el juego?* Todas las tecnologías energéticas alternativas, y especialmente las tecnologías promovidas por los fabricantes asiáticos en nuevos vehículos que pronto estarán disponibles en los Estados Unidos. Honda empezó a vender un hibrido eléctrico en los Estados Unidos en el año 2000.

8. *¿Existe un escenario impensable? ¿Cuál es?* El petróleo sube de precio a más de 150 dólares el barril, llevando el costo del galón a más de cinco dólares, y los Estados Unidos entran en una gran recesión, lo que empuja a los compradores a dejar de comprar automóviles y camiones.

Sí, es verdad. Uno puede alegar que la óptica retrospectiva es de 20/20 y que es fácil echarles la culpa a los tres grandes por pasar por alto estas señales de alarma temprana por lo menos durante una década. Lo que sigue siendo cierto es que con más enfoque en observar las muchas señales que enviaba el mercado y la economía en general, a los tres grandes les habría ido mucho mejor a lo largo de los últimos años y no habrían enfrentado el problema de la insolvencia cuando lo que *todos* sus competidores extranjeros enfrentaron fue, en el peor de los casos, una contracción temporal en sus negocios durante la peor de las crisis económicas.

Construcción de escenarios clave

En su libro *Inevitable Surprises,* Peter Schwartz dice que hace pocos años fue contactado por Robert Rubin, vicepresidente de

Citicorp y ex Secretario del Tesoro de los Estados Unidos en el gobierno Clinton. "Vivimos agarrados por sorpresa por grandes cosas — declaró Rubin, al pedirle a Schwartz que se reuniera con él, y con la junta asesora de Citicorp y sus más altos ejecutivos. Díganos cuáles son las grandes sorpresas que va a haber. Queremos evitarlas". Schwartz sigue contando el cuento y dice que cuando se reunió con Rubin y sus principales asesores y ejecutivos en la reunión de planeación estratégica, descubrió que, individualmente, los ejecutivos de Citicorp ya conocían la mayoría de los temas y desafíos que les esperaban. No obstante, ninguno los había juntado para hacerse una buena idea del cuadro completo de los retos más grandes que enfrentaría la corporación en el futuro. Con razón que siguieran sorprendiéndose.[13]

Los más altos ejecutivos de Citicorp eran conscientes de muchos de los desafíos menores que podían impactar sus respectivas unidades empresariales, pero como funcionaban en compartimientos estancos no podían tener la visión panorámica necesaria, como desde un helicóptero o un balcón. El mayor problema es que no ponían junta toda la información para poder ver el gran cuadro. Una disciplina estratégica esencial del sistema de gerencia Caótica es que los líderes de una empresa deben juntar los puntos de vista de los altos ejecutivos de todos los departamentos, lo mismo que los de otros expertos en la materia y quienes tienen intereses en la compañía (internos y externos), para empezar a construir aquellos escenarios clave, altamente probables, que la compañía puede confrontar. Como mínimo, debe haber un escenario "de peor caso", un escenario "más esperado" y un escenario "de mejor caso". Y en épocas de mucha turbulencia, los líderes empresariales tienen que poner sus grupos a investigar y analizar más situaciones posibles, incluyendo los escenarios más temibles.

Como se muestra en la figura 3-7, los escenarios clave deben construirse junto a las respuestas estratégicas que sean apropiadas para cada escenario.

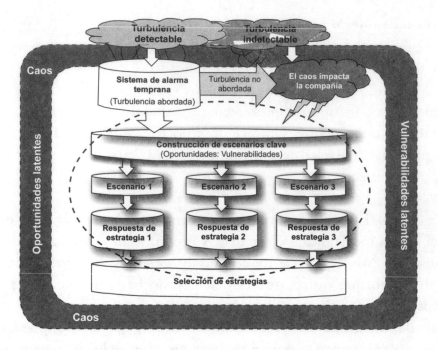

Figura 3-7 *Sistema de gerencia de* Caótica: *construcción de escenarios clave.*

Armar escenarios es un método de planeación estratégica que las organizaciones usan para hacer planes flexibles de largo plazo. Es, en gran parte, una adaptación y generalización de métodos clásicos, usados originalmente por la inteligencia militar en lo que se ha venido a llamar "juegos de guerra". El método original era que un grupo de analistas generara juegos de simulación para formuladores de políticas. En aplicaciones empresariales, el énfasis sigue estando puesto en *jugar,* aunque también hay más técnicas para planear escenarios.[14]

La construcción eficaz de escenarios requiere identificar en el entorno los generadores de turbulencia que puedan producir caos. Las tendencias captarán ímpetu y continuidad, pero uno debe también imaginar ocurrencias sorpresivas. Royal Dutch Shell inició su sistema de planeación por escenarios hace ya algunos años, después de que las crisis petroleras de los años 70 habían concienciado cada vez más a sus altos ejecutivos de las sorpresas y turbulencias que acechan en el mercado.

Cuando los líderes empresariales y sus equipos ejecutivos empiezan a construir múltiples escenarios, mucho depende de cuánta incertidumbre existe. Un reciente informe McKinsey distinguía entre cuatro niveles de incertidumbre, cada cual con sus propias características[15]:

Nivel 1. Puede identificarse *un futuro suficientemente claro*, en el que la incertidumbre residual es insignificante para tomar decisiones estratégicas, de modo que los gerentes pueden elaborar un pronóstico único, que es una base lo bastante precisa para sus estrategias. En este caso, sólo se construye un escenario. Para ayudar a generar esta predicción del futuro, los gerentes pueden usar herramientas estratégicas estándar que incluyen investigación, análisis de costos y de capacidad de competidores, análisis de cadena de valor, y el marco de referencia de cinco fuerzas de Michael Porter. Entonces pueden usarse modelos de flujo de caja descontado que incorporan esas predicciones para determinar el valor de estrategias alternativas.

Nivel 2. Se identifican *futuros alternativos*, en los cuales el futuro se describe entre unos pocos escenarios distintos. El análisis no puede identificar cuál resultado será el que ocurra, pero ayuda a establecer probabilidades; cambiarán algunos o todos los elementos de la estrategia clave si se produce uno de los resultados previstos. En este caso, los gerentes construyen unos pocos escenarios y calculan la probabilidad de ocurrencia de cada uno. El valor de una estrategia depende principalmente de las estrategias de los competidores, que todavía no pueden observarse o predecirse. Por ejemplo, en mercados de oligopolio, tales como los de químicos y materias crudas básicas, la principal incertidumbre es, casi siempre, la de los planes de los competidores para ampliar capacidad. Con frecuencia, las economías de escala dictan que cualquier planta o fábrica que se construya sea lo bastante grande como para tener un impacto significativo en los precios y rentabilidad de una industria. En consecuencia, cualquier decisión de construir una planta depende a menudo de las decisiones de los competidores. La compañía tiene que calcular los desenlaces de cuatro situaciones: si construye una planta y el competidor no; si construye una planta y el competidor construye otra; si el competidor construye una y la compañía no; y, finalmente, si ninguno construye ninguna planta. Esta es una clásica situación de nivel 2. Los resultados posibles son claros y distintos, y es difícil predecir cuál resultado ocurrirá.

Nivel 3. Puede identificarse *una gama de futuros posibles,* con un número limitado de variables clave. No hay escenarios separados naturales, y algunos de todos los elementos de la estrategia cambiarían con cada escenario. En este caso, los gerentes arman diversos escenarios, debido a la gran complejidad de los factores subyacentes. Los escenarios que describen los puntos extremos en la gama de posible resultados son, a menudo, relativamente fáciles de elaborar, pero rara vez dan mucha orientación concreta para tomar decisiones estratégicas sobre la marcha. Tres reglas generales se usan para ayudarse en la planeación de escenarios: (1) elaborar sólo un número limitado de escenarios alternativos (la complejidad de jugar con más de cuatro o cinco escenarios tiende a dificultar la toma de decisiones); (2) evitar elaborar escenarios redundantes que no tengan implicaciones únicas para la toma estratégica de decisiones; y (3) elaborar un conjunto de escenarios que represente colectivamente la gama probable de resultados futuros, y no necesariamente toda la gama posible.

Nivel 4. Existe *verdadera ambigüedad*, pues interactúan varias dimensiones de incertidumbre en la creación de un entorno que es virtualmente imposible de predecir. En este caso, simplemente no es posible crear un razonable número de escenarios para analizar con gran precisión, de modo que las decisiones se toman intuitivamente y en el momento. Incluso si es imposible elaborar un conjunto significativo de resultados probables o posibles, los gerentes pueden obtener una valiosa perspectiva estratégica. Usualmente, pueden identificar al menos un subconjunto de variables que determinan cómo evolucionará el mercado con el tiempo. También pueden identificar indicadores de estas variables. Estos indicadores, algunos favorables y otros desfavorables, les permitirán rastrear la evolución del mercado a lo largo del tiempo y adaptar su estrategia a medida que disponen de nueva información. Una detección temprana de cambios en el mercado y unas comparaciones con mercados similares ayudarán a ver si son realistas esas creencias.

En el contexto de caos extremo que cae por fuera de los cuatro niveles de incertidumbre de McKinsey, sería inútil tratar de encontrar las respuestas correctas: las relaciones entre causa y efecto son imposibles de determinar porque cambian constantemente y no existen esquemas o patrones manejables — sólo turbulencia extrema y caos. Este es el terreno de los *inconocibles*. Los sucesos del 11 de septiembre del 2001 caen dentro de esta categoría[16]. El oficio inmediato del líder empresarial no es descubrir patrones sino parar la hemorragia. Un líder debe primero actuar para restablecer el orden, luego percibir donde está presente la estabilidad y donde está ausente, y luego responder esforzándose para transformar la situación del caos a la complejidad, y a algún tipo de orden, donde la identificación de patrones emergentes pueda igualmente ayudar a prevenir futuras crisis y discernir nuevas oportunidades. Es imperativo que haya, de arriba hacia abajo, la más directa comunicación o transmisión; simplemente no hay tiempo de pedir aportes.

Aunque los sucesos del 11 de septiembre no eran inmediatamente comprensibles, la crisis si demandaba acción inmediata. El alcalde Rudy Giuliani demostró una excepcional eficiencia, bajo condiciones supremamente caóticas, emitiendo directivas y tomando medidas para restablecer el orden. Sin embargo, en su desempeño general como alcalde de Nueva York, fue criticado por el mismo estilo de liderazgo de arriba hacia abajo que demostró ser tan eficaz durante la catástrofe. Un peligro específico para los líderes, tras una crisis, es que algunos de ellos parezcan menos exitosos cuando el contexto cambia, debido a que son incapaces de cambiar de estilos para adecuarlos a las nuevas circunstancias.[17]

Volviendo a turbulencia que sea más detectable, un compromiso activo con la construcción de escenarios les da a los líderes empresariales la habilidad para lograr percepciones más hondas y tener mayor flexibilidad al fijar estrategias. Cuando se abordan de este modo, algunas series de hechos cobran más importancia que otras. En consecuencia, los gerentes pueden refinar su búsqueda de información, buscando aun más claves y patrones y comprobando sus ideas y respuestas estratégicas. El valor principal de tal planeación de escenarios es que les permite a los líderes empresariales "ensayar el futuro", una oportunidad que no se presenta en las operaciones cotidianas, en las que cuenta toda actuación y decisión.

He aquí un enfoque eficaz y eficiente para construir escenarios[18]:

1. *Decida la cuestión clave que deberá contestar el análisis del escenario.* Entonces es posible estimar si se prefiere la planeación del escenario en vez de otros métodos o del "análisis por analogía".

2. *Establezca el ámbito y tiempo del análisis.* Considere cuán rápidamente han ocurrido los cambios en el pasado y trate de evaluar hasta qué grado es posible predecir tendencias en demografía, ciclos de vida de producto u otras categorías de interés.

3. *Identifique los principales interesados.* Decida quién se verá afectado entre los que tengan un interés en los posibles resultados. Identifique sus actuales intereses y si esos intereses han cambiado con el tiempo en el pasado, y por qué.

4. *Trace un mapa con las tendencias básicas y la turbulencia y las fuerzas caóticas consiguientes.* Un mapa que incluya tendencias industriales, competitivas, económicas, políticas, tecnológicas, legales y sociales. Use técnicas de lluvia de ideas para evaluar hasta qué grado estas tendencias afectan las cuestiones de sus averiguaciones; luego describa cada tendencia, incluyendo cómo y por qué afectará la organización y sus negocios.

5. *Descubra incertidumbres clave que resulten en caos.* Incluya fuerzas caóticas que puedan tener un impacto importante en la industria, el mercado y su empresa. Evalúe si existen algunos vínculos entre las diferentes fuerzas caóticas y excluya cualesquiera escenarios "imposibles".

6. *Defina los escenarios clave.* Generalmente se construyen entre dos y cuatro escenarios. De ser posible, trácelos en una cuadrícula. Un enfoque es poner todos los elementos positivos en un escenario y todos los negativos en otro, y luego refinar los escenarios restantes. Evite puros escenarios de mejor y peor caso. Identifique y haga cualquier averiguación adicional que todavía pueda necesitarse.

7. *Evalúe los escenarios clave.* ¿Son significativos para el objetivo? ¿Son coherentes internamente? ¿Son arquetípicos? ¿Representan situaciones resultantes relativamente estables?

8. *Converja hacia escenarios de decisión.* Vuelva a trazar los siete pasos previos en un proceso interactivo hasta alcanzar escenarios que aborden los asuntos fundamentales que enfrenta la organización. Evalúe las ventajas y desventajas de cada escenario, y luego póngalos en orden de prioridades, basándose en una evaluación de probabilidad.

Volvamos a nuestro ejemplo de los tres grandes fabricantes de automotores y elaboremos un rápido bosquejo de un posible ejercicio de construcción de escenarios (ver figura 3-8).

Este procedimiento para construir escenarios es más sofisticado que el trabajo normal de hacer "planeación de contingencia". Esta generalmente imagina una variable principal y cómo podría responder la firma si esa variable cambia. ¿Cómo responderá nuestra compañía si nuestro competidor reduce su precio a la mitad, o si sale con una nueva máquina que se desempeña 20% mejor que la nuestra? Pero los escenarios se enfocan en el efecto conjunto de diversos factores, que más cercanamente se parecen al mundo real que confrontan los líderes empresariales. Por lo tanto, los planes para construir escenarios les ayudan a entender cómo se mueven los diversos hilos de un complejo tapiz, si se arrancan uno o más hilos. Cuando los líderes empresariales y sus equipos exploran conjuntamente todos los factores, se dan cuenta rápidamente de que ciertas combinaciones pueden magnificar el impacto. Esto puede dar una mucha mejor perspectiva de sus futuros posibles.[19]

Una nota final sobre sistemas de alarma temprana y sobre por qué, frecuentemente, se pasan por alto *señales claras* — incluso muy claras. Paul Krugman, premio Nobel de Economía, ganador del Premio Pulitzer y columnista de *The New York Times,* escribió un artículo editorial justo después del colapso financiero del 2008: "Hace pocos meses me encontré en una reunión de economistas y funcionarios financieros, debatiendo —qué otra cosa podía ser— la

Paso	Impacto
1. Decidir cuál es la cuestión clave que debe ser contestada por el análisis de escenarios.	Impacto en el creciente costo de obligaciones pensionales.
2. Establecer el ámbito y tiempo del análisis.	Empleados basados en los Estados Unidos con planes de pensión pagados por la compañía (2004-2008).
3. Identificar las principales personas con intereses.	Empleados, sindicatos, consumidores, agentes vendedores de automotores, proveedores, bancos, compañías administradoras de fondos de pensión — todos bajo crecientes niveles de tensión de varios grados.
4. Trazar tendencias básicas y turbulencia, y las fuerzas caóticas consiguientes.	Creciente número de empleados viejos y una tasa desproporcionadamente más baja de jóvenes que ingresan a la fuerza laboral frente a la tasa de los que se jubilan; creciente volatilidad de mercados bursátiles donde están invertidos los fondos de pensiones; presión a la baja de margen de utilidad, por parte de competidores extranjeros con cada vez más cuota de mercado y precios más bajos (trabajadores no sindicalizados); importación de automóviles extranjeros provenientes de mercados de bajo costo; crecientes costos laborales y de atención médica; posiciones sindicales cada vez más combativas debido a la disminución de sindicalizados.
5. Descubrir incertidumbres clave que resultan en caos.	Rápidas alzas en los precios de la gasolina debidas a la volatilidad de los precios del petróleo (y a súbitas bajas perturbadoras, como fue el caso del 2008) y a variaciones en la demanda, que se alejaba de vehículos grandes y menos eficientes en el consumo de combustibles; una decisiva expansión de fabricantes extranjeros de automotores en el mercado de los Estados Unidos, que presionó hacia abajo el volumen de ventas, y hacia arriba el de los costos; contracción o recesión económica en los Estados Unidos; alzas en los precios de materias primas, suministros y componentes, debidas a mayor demanda global, especialmente por alto crecimiento de mercados emergentes.

Paso	Impacto
6. Definir los escenarios clave.	Escenario positivo: un incremento sustancial en la demanda en los Estados Unidos empuja hacia arriba los volúmenes hasta niveles récord y aumenta sustancialmente las utilidades, que se invierten en fondos de pensiones en el mercado patrimonial con un promedio de 25% en rendimientos, al mismo tiempo que el gobierno estadounidense pasa a trámite legislación que sube la edad de jubilación de todo estadounidense cubierto por planes de pensión financiados por las compañías de 65 a 70 años.
	Escenario negativo: Reventón simultáneo de las burbujas de activos múltiples (bienes raíces, activos patrimoniales, etc.) que empuja al país a una honda y prolongada recesión; industria bancaria afectada por incumplimientos en hipotecas *subprime,* lo que crea un apretón de crédito que provoca bancarrotas bancarias y deflación prolongada.
7. Evaluar los escenarios clave.	El escenario negativo es más probable que el positivo por una probabilidad, todavía por determinar, pero sustancial, basada en la información disponible.
8. Converger hacia escenarios de decisión.	Lo más probable es que los escenarios inclinados hacia el escenario negativo desarrollen estrategias alternativas y nuevos modelos empresariales para prevenir o mitigar un colapso financiero total.

Figura 3-8 *Ejercicio de construcción de escenarios para los tres grandes fabricantes de automotores (muestra).*

crisis — decía. Se notaba mucha introspección. Un alto formulador de políticas preguntó: '¿Por qué no vimos venir esto?'. Una respuesta a esa pregunta es que a nadie le gusta que se le arruine la fiesta". Krugman continúa diciendo en ese artículo:

Mientras la burbuja de la vivienda todavía se estaba hinchando, los prestamistas estaban haciendo mucho dinero mediante la emisión de hipotecas a cualquiera que entrara por la puerta; los bancos de inversión estaban haciendo todavía más dinero presentando en forma diferente esas hipotecas, como deslumbrantes valores negociables nuevos; y los administradores de fondos, que registraban en el papel grandes utilidades comprando esos valores con fondos prestados, parecían genios, y se les pagaba de conformidad. ¿Quién iba a querer escuchar a los economistas, esos voceros de la ciencia lúgubre, que alertaban que toda la cosa era, en efecto, un gigantesca pirámide? Hay además otra razón por la cual el establecimiento que formula la política económica fue incapaz de ver venir la actual crisis. Las crisis de los años 90 y de los primeros años de esta década hubieran debido ser vistas como nefastos augurios, como indicios de peores problemas por venir. Sin embargo, todo el mundo estaba ocupado celebrando la manera exitosa como habíamos salido de aquellas crisis, para darse cuenta.[20]

Selección de escenario y estrategia

Después de construir escenarios clave, los líderes empresariales tienen que ver y seleccionar los más probables. Para cada escenario, deben elaborar la respuesta estratégica más apropiada. Sin embargo, esto no significa que tengan que escoger uno de esos tres escenarios y estrategias. Más bien, se dan cuenta de que no saben lo que va a pasar. Querrán adoptar una estrategia que satisfaga la cantidad de riesgo y oportunidad que estén dispuestos a aceptar. Un ejecutivo puede alegar que deben asumir el escenario de peor caso y adoptar la estrategia correspondiente, una que pueda funcionar si eso sucede (a menudo llamada *una estrategia mini-max* (minimizar el máximo riesgo). Otro ejecutivo puede decir que el escenario para el que vale la pena armar una estrategia es ese que presenta un montón de oportunidades, porque los puede convertir en ganadores. Otro ejecutivo más puede decir que la turbulencia probablemente no durará y que deben volver a la estrategia que les ha funcionado en el pasado.

El punto principal es que hay demasiada incertidumbre para saber cuál escenario ocurrirá. Pero vale la pena hacer el ejercicio de buscar una estrategia que funcione bastante bien, pase lo que pase. Y si ocurre algo bastante diferente, ya se deben haber considerado otras respuestas posibles (ver figura 3-9).

Dediquemos un momento a recapitular dónde estamos. La compañía estará operando en un sistema de alarma temprana que suministra señales de lo que podría suceder que volviera obsoleta la actual estrategia y que alerta a los gerentes acerca de la inminencia

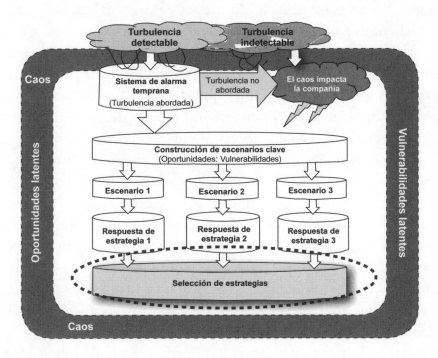

Figura 3-9 *Sistema de gerencia Caótica: selección de escenarios y estrategias clave.*

de un punto de inflexión estratégica. Si ellos hacen caso omiso de estas señales, puede sobrevenir considerable turbulencia y caos. La compañía debe añadir a su modo de pensar otras impredecibles sorpresas y captar esas posibilidades en un limitado número de escenarios. La gerencia tiene que considerar cómo responder estratégicamente a lo que le dice cada escenario. No tiene que escoger un escenario (y la estrategia que lo acompaña) como el más probable, pero sí tiene que decidir cuánto riesgo frente a oportunidad ha de perseguir. Este proceso puede llevar a una estrategia combinada, sobre la cual todo el mundo esté de acuerdo, que dejará a la compañía en mejor posición frente a la incertidumbre. Si la gerencia estuviera equivocada respecto a lo que ocurre, entonces puede pasarse a otra estrategia apropiada, que se acomode a la nueva condición. Así al menos se habrán considerado otras respuestas antes de tener que ponerlas en práctica.

Mientras tanto, el sistema de gerencia Caótica ha expuesto a la compañía a algunas grandes vulnerabilidades, lo mismo que oportunidades. La compañía puede esforzarse en reducir sus vulnerabilidades más críticas, al tiempo que dedica su atención a sus más notables oportunidades. La compañía tiene un sistema de respuesta flexible, dependiendo de las eventualidades que tienen lugar.

Las compañías también tendrán que establecer sistemas de respuesta para cada escenario, cada departamento funcional y cada localidad geográfica. Por ejemplo, cada vez que hay grandes incendios en California del Sur, se dan una serie de pasos por parte de los bomberos y los gobiernos locales para apagar las llamas lo más pronto posible, y con tan poco daño como se pueda. De la misma manera, cuando se detectan huracanes o tsunamis en el Caribe o en el océano Índico, las diferentes islas, individual o colectivamente, tienen un conjunto estándar de preparaciones para alertar a los residentes y sacarlos de las zonas de peligro antes de que se dé la intensa turbulencia y se cause el daño consiguiente.

De la misma manera, las compañías deben poder producir parecidas respuestas rápidas o automáticas. IKEA, la gigantesca fabricante sueca de muebles, tiene muchos sistemas de respuesta automática. Por ejemplo, cuando bajan las ventas de determinados artículos, ya sea en una sola tienda o en un área o zona geográfica específica, IKEA incrementa automáticamente la superficie dedicada a muebles más baratos y, simultáneamente, disminuye la superficie dedicada a mostrar artículos más caros. Alternativamente, IKEA hace lo contrario cuando suben las ventas de los artículos caros.

El propietario de una cadena de cincuenta salas de cine en los Estados Unidos vigila constantemente las cifras de asistencia a determinadas películas, y rápidamente pasa una película que ha mostrado poca asistencia en un teatro de primera clase a teatros de la periferia donde la asistencia es menor. La razón es maximizar el recaudo por billetes tanto en localidades de primera como en localidades de barrios a través de toda la cadena de localidades.

En un bien conocido caso que muestra cómo las estrategias de respuesta automática pueden servir para apoyar la estrategia empresarial, la aerolínea de bajo costo más grande de los Estados Unidos, Southwest Airlines, se sostuvo a lo largo de la contracción de la industria posterior al 11 de septiembre del 2001, logró así continuar siendo una de las aerolíneas más rentables del mundo y mostró utilidades en su trigésimo quinto año consecutivo, en enero del 2008[21]. En los años 90, Southwest Arlines inició una sofisticada estrategia de respuesta automática de cobertura para reducir sus costos de combustible hasta en un 50%. La estrategia ha generado utilidades que superan los 4000 millones de dólares, incluyendo 1000 millones sólo en el año 2005 — o sea un 105% del ingreso operacional de Southwest para ese año. Menos frecuentemente comentado es el razonamiento en que se basa el sistema de respuesta automática de Southwest para tomar decisiones de cobertura. Para los ejecutivos de Southwest, cubrir el riesgo del costo de combustible fue sólo una parte de una estrategia más amplia, centrada en la estabilidad de los costos, de los niveles de servicio y de las tarifas. Sabían que los crecientes precios de combustible eran la mayor amenaza para su modelo empresarial y eligieron seguir siendo una transportadora de bajo costo pasara lo que pasara. Si los precios del combustible subían, su cobertura significaba que ganarían en el mercado porque sus ventajas laborales y de productividad se verían fortalecidas también por una ventaja en precios de combustible. Como resultado, Southwest se benefició al ser la primera aerolínea que reconocía que el riesgo del precio del petróleo no tenía por qué ser un riesgo natural que una aerolínea tuviera que soportar.

Conclusión

Hoy y en el futuro, puede no ser tan decisivo preguntar qué poseen o producen las empresas como lo es cuestionar su habilidad para detectar turbulencia, prever caos y manejar riesgo. Identificar y manejar riesgo está lejos de ser sencillo. Construir escenarios y estrategias para confrontar riesgos anticipados y, a la inversa, aprovechar oportunidades, requiere que los líderes empresariales instalen nuevos comportamientos y disciplinas estratégicos en la organización.

Y cuando estos comportamientos nuevos y necesarios se instalan en los procesos cotidianos de toma de decisiones, se producen un ímpetu y una cultura que sistemáticamente supera el caos de la turbulencia y rutinariamente derrota la competencia. Tales compañías triunfarán en la llamada *era de la turbulencia,* a pesar de los vendavales turbulentos que las azoten.

CAPÍTULO CUATRO

Diseñar sistemas administrativos para recuperarse

No es que no puedan ver la solución. Es que no pueden ver el problema.

—G. K.Chesteron, *El escándalo del padre Brown*[1]

ESTAMOS VIVIENDO una época en la que compañías venerables —Lehman Brothers, Bear Sterns y veintidós bancos que fallaron en el solo 2008— han sido eliminadas como si fueran erratas en el borrador de una carta[2]. Los líderes empresariales deben tener el coraje de formular las cuestiones arduas, y todavía más coraje para aceptar las duras respuestas.

La naturaleza humana es inherentemente reacia a asumir los riesgos asociados con aventurarse en lo desconocido, o todavía peor, en lo desagradable. Al mismo tiempo, sí aceptamos y asumimos riesgos todos los días, sin importar qué tan devastador pueda ser su resultado — generalmente porque los peores resultados ocurren muy rara vez. Por ejemplo, millones de personas viajan por aire cada día. Cuando la tripulación del avión imparte instrucciones

respecto a la "improbable posibilidad de descompresión de la
cabina o de un acuatizaje", la mayoría de las personas no piensa
seriamente en lo que tiene que hacer en caso de una emergencia
de ese tipo, de modo que permanecen emocional e intelectual-
mente indiferentes a la sola idea de tan tremendos acontecimientos.
Aunque la información suministrada es vital para sobrevivir en
tales emergencias, hay una sensación desagradable, incluso un poco
irracional, de que el proceso de aprender cómo sobrevivir ante
una emergencia, la hace, de cierto modo, más probable. Emociones
aparte, en los negocios, como en la vida en general, para prosperar
uno primero tiene que aprender a sobrevivir.

Los líderes empresariales y su personal ejecutivo tendrán que
estar seguros de que se infundan e incrusten estrategias y comportamientos caóticos en la organización. Con el *sistema de gerencia*
Caótica, no presentamos una estrategia hecha sobre medidas, que
le sirve a toda empresa, sino un marco de referencia, ajustable, de
comportamientos estratégicos. Este marco de referencia se adapta
al usarlo, pues las variables de cada empresa son inherentemente
específicas y únicas.

Sea que los líderes empresariales crean que el nuevo entorno
presenta más oportunidades o amenazas, la creciente turbulencia
es ahora un hecho real de la vida empresarial. La manera más eficaz de lidiar con la nueva realidad es con un enfoque pragmático
y altamente disciplinado, un enfoque de sistemas bien definidos
en torno a un marco de referencia gerencial que sea receptivo,
robusto y capaz de recuperarse, sobre el cual debe basarse cada
decisión empresarial clave. De esta manera, los líderes mitigan el
riesgo de verse tomados por sorpresa durante épocas de crisis,
como Citicorp y General Motors lo han sido, y tener que bregar
por alejar a sus compañías de una perturbación catastrófica e incluso del colapso.

Antes de imponer ninguna reducción general de gastos, los líderes tienen que identificar las ineficiencias existentes en uno o más de sus departamentos funcionales clave: financiero, informática, manufactura y operaciones, compras y suministros, recursos humanos, y otros. En épocas normales, esas ineficiencias se toleran, pero en épocas turbulentas, esas ineficiencias ("la grasa") pueden hacer especialmente vulnerables a las compañías. Los viejos modelos empresariales no funcionarán en una situación turbulenta y tendrán que empezar a reasignar su capital a sus mejores productos, segmentos y zonas geográficas, o arriesgarse a perder su capital.

"Los grandes líderes empresariales que se muevan decisivamente ahora pueden realzar sus posiciones en el mediano y largo plazo", dice Mike Hunter, presidente de la firma de consultoría Hunter-Wells LLC, un veterano con veinticinco años de experiencia que lidia con las condiciones rápidamente cambiantes de los negocios en todo el mundo, asesorando a las compañías en marketing y estrategia de ventas. "El corto plazo es lo que es —incierto—, de modo que usted debe lidiar con él de manera inteligente — dice Hunter. Tome, por ejemplo, el caso de un cliente que está ajustando sus canales de distribución, eliminando a los participantes menos fuertes e incrementando el apoyo a los más fuertes; en otro caso, el cliente está reajustando las estrategias de ventas y marketing mediante un incremento en la medición y control de su inversión en marketing — nada como una buena crisis financiera para fomentar cooperación entre facciones enfrentadas; y otro cliente ha reestructurado sus procesos de gerencia de producto y de portafolio, eliminando inversiones poco rentables en productos que no se venden, al tiempo que libera tiempo de desarrollo para enfocarlo en nuevos productos rediseñados para lanzarlos al mercado chino a mediados del 2009".

Hunter lo resume todo diciendo que "todas esas movidas ahorran dinero *y* tienen un potencial de aumento de los ingresos. Estas compañías lo logran. Están olisqueando oportunidades bajo cielos grises y comprenden que unas inversiones audaces —pero inteligentes— hechas hoy, pueden cambiar radicalmente el panorama competitivo mañana".

Los líderes empresariales tienen que reconocer que el entorno está cambiando ahora en formas cada vez más difíciles de predecir. Para sacar provecho del nuevo entorno turbulento, las compañías deben volverse cada vez más *receptivas, robustas y capaces de recuperarse,* o de otro modo se arriesgan a fracasar. Tal es el propósito de implementar un sistema de gerencia Caótica. Los líderes empresariales tienen que confrontar en forma decisiva la inevitabilidad de la turbulencia económica y del caos y hacerlo audazmente, desarrollando nuevos comportamientos estratégicos —*comportamientos de* Caótica— para cada uno de sus departamentos funcionales clave. En la típica empresa, como se muestra en la figura 4-1, estos departamentos clave son el financiero (que incluye informática), el de manufactura y operaciones, el de marketing y ventas, el de compras y el de recursos humanos. Los comportamientos de

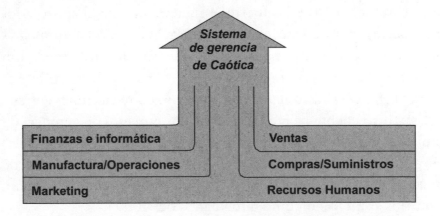

Figura 4-1 *Diseñar sistemas de gerencia y marketing para recuperarse.*

Caótica para las funciones de marketing y ventas serán discutidos separadamente en el capítulo cinco.

La meta para los líderes empresariales es crear organizaciones que sean *receptivas, robustas y capaces de recuperarse* — en resumen, organizaciones que tengan la habilidad de vivir y prosperar. Esas son las organizaciones que aspiran a tener, y logran, esa *sostenibilidad empresarial* que será analizada en detalle en el capítulo seis.

Unas definiciones simples y sencillas de cada una de estas tres características —receptividad, robustez y capacidad de recuperarse— dan una buena percepción de la meta de todos los líderes empresariales.[3]

- Ser *receptiva* es tener la cualidad de ser capaz de reaccionar prontamente a los estímulos externos.
- Ser *robusta* es tener la cualidad de ser capaz de aguantar tensiones, presiones o cambios en procedimiento o circunstancias; significa ser capaz de lidiar con variaciones (a veces impredecibles) en entornos operativos, con el mínimo daño, alteración o pérdida de funcionalidad.
- Ser *capaz de recuperarse* es la cualidad de ser capaz de regresar a una forma o posición original, tras haber sido torcida, comprimida o estirada; en los negocios, eso significa ser capaz de rebotar o volver hacia atrás.

Cuando hablamos de compañías que tienen éxito año tras año en cuanto a adaptarse a los entornos cambiantes, tenemos entre ellas a las "campeonas ocultas" que describiera por primera vez Hermann Simon, fundador y director gerente de la respetada firma de consultoría global Simon-Kucher & Partners, en su libro *Hidden Champions: Lessons from 500 of the World's Best Unknown Companies*[4]. Simon ha continuado su estudio de campeonas escondidas en su último libro, *Hiddden Champions of the Twenty-First Century*[5]. Ha levantado una base de datos de más de 2000 compañías campeonas ocultas, no bien conocidas por el público en general pero muy lucrativas. Estas compañías se encuentran por todas partes del mundo, con cierta concentración en Europa y América del Norte. Simon define las campeonas ocultas como compañías de tamaño mediano que, generalmente, se ocupan de actividades interempresariales. Son sumamente enfocadas, están en el tope de su clase en calidad, cercanía a sus clientes e innovación, y a menudo operan regional o globalmente. Además, son compañías sumamente lucrativas, que son, o la número uno en el mercado de su continente o una de las tres primeras en el mercado global.

Simon resumió las "nueve lecciones" de las campeonas ocultas en un contexto sistemático de tres círculos anidados. Dos de las "nueve lecciones" que son esenciales en el núcleo empresarial de las campeonas ocultas son (1) fuerte liderazgo y (2) metas ambiciosas. Tres de las nueve lecciones que se relacionan con capacidades internas son (3) confianza en la fuerza propia, (4) innovación continua y (5) empleados seleccionados y motivados. Luego, las últimas cuatro de las nueve lecciones de Simon que caracterizan la habilidad de las campeonas ocultas para impulsar sus oportunidades externas son (6) enfoque estrecho del mercado, (7) ventaja competitiva, (8) cercanía con el cliente y (9) orientación global.

Como las campeonas ocultas de Simon, que reconocen que el entorno está cambiando en más formas imposibles de predecir, todas las compañías deben volverse constantemente más receptivas, robustas y capaces recuperarse en este nuevo entorno. La meta de un sistema de gerencia Caótica es, repetimos, ayudarles a las empresas a adquirir características que les sirvan para sobrevivir y prosperar y finalmente alcanzar sostenibilidad empresarial.

El modelo de campeonas ocultas de Simon es parecido al modelo sugerido por el evolucionista Stephen Jay Gould. En su teoría llamada "equilibrio puntuado"[6], Gould afirmó que la evolución no es un proceso continuo sino que más bien ocurre a saltos. Hay largos períodos de muy pocas mutaciones, seguidos por fases breves de cambios abruptos. Esta hipótesis puede muy bien aplicarse a los mercados en general y a las campeonas ocultas en particular. La mayoría de los interrogados por Simon confirma que el desarrollo de su compañía procedió a notorios saltos[7]. Uno podría sospechar que la fase actual de rápida globalización y cambios dramáticos en el panorama económico global está poniendo a las campeonas ocultas del siglo XXI en una posición en la cual están avanzando rápida y decisivamente, en crecimiento y cuota de mercado — o ya lo han hecho.

El sistema Caótica de gerencia

Desde el primer capítulo hemos esbozado los pasos necesarios para que los ejecutivos empresariales empiecen la transición que los lleve a crear una empresa sostenible, capaz de soportar tensiones incluso en los más tumultuosos entornos. Cada capítulo suministra un proceso paso a paso para estar seguros de que la compañía, en general, y sus departamentos clave en particular están preparados para actuar rápida y decisivamente frente a una inesperada turbulencia. Con el fin de dar una hoja de ruta clara para implementar un sistema Caótica de gerencia, se esboza enseguida y en la figura 4-2 un proceso sencillo y altamente enfocado.

Identificar fuentes de turbulencia y caos....... (Capítulo uno)
Identificar respuestas erróneas de
     la gerencia a la turbulencia................... (Capítulo dos)
Establecer sistemas de alarma temprana .... (Capítulo tres)
Armar escenarios y estrategias clave .... (Capítulo tres)

Figura 4-2 *Ciclo de implementación de* Caótica.

Como una guía adicional, hemos esbozado un proceso de cinco pasos para ejecutar los *comportamientos estratégicos de* Caótica que deben aplicarse a la organización en general, departamento por departamento, por sistemas clave de apoyo y grupos de interesados para cada uno de los departamentos funcionales clave (ver figura 4-3). Mientras cada empresa avanza y da cada paso en el proceso de ejecución, debe tener en cuenta la constante necesidad de revaluar

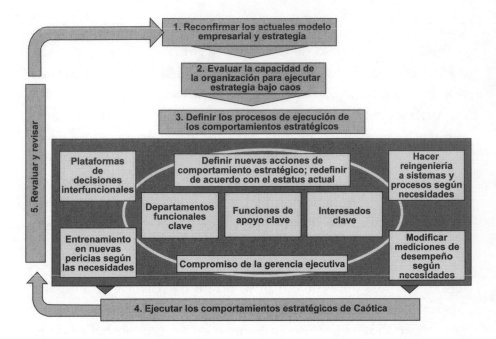

Figura 4-3 *Plan de ejecución de comportamientos estratégicos de Caótica.*

y revisar los comportamientos estratégicos de cada departamento (ver paso 5 en la figura 4–3).

Primer paso. Reconfirmar los actuales modelo empresarial y estrategia. Es necesario revisar el propio modelo empresarial y sus estrategias, especialmente en épocas turbulentas. Cuando comienza el proceso de adoptar y adaptar nuevos comportamientos estratégicos, es absolutamente fundamental que los modelos empresariales y las estrategias sean los correctos.

Segundo paso. Evaluar la capacidad de la organización para ejecutar estrategia bajo caos. Si una empresa no ha tenido nunca que experimentar la manera como su organización funciona bajo altos niveles de caos, ha sido muy afortunada y ha estado viviendo en tiempo prestado. Un alto ejecutivo nos transmitió esta historia:

Cuando colapsó el techo de la más grande de las fábricas de su compañía bajo el peso de la nevada de "una sola vez en el siglo" en la costa Este de los Estados Unidos, no había planes listos para reasignar la producción a las otras dos instalaciones de la compañía en América del Norte. En menos de veinticuatro horas, al menos la mitad de los mejores clientes de la compañía estaban dejando de obtener los productos que necesitaban, pues un año antes se había instalado, muy orgullosamente, el sistema de manufactura eficiente que utiliza el mínimo de personal, y las reservas de inventario eran bajas, por eficiencia de costos. Dentro de las próximas veinticuatro horas, el mismo equipo de altos ejecutivos había contratado, con tres distintos fabricantes, el cierre de la brecha por los tres meses siguientes, pues antes de ese lapso no podía volver a funcionar la fábrica dañada. Aunque este alto ejecutivo y su equipo obtienen una calificación de C (desempeño regular) por no haber construido escenarios clave, obtienen una A (alto desempeño) por su habilidad para funcionar bajo caos. Sobra decir que desde entonces ellos han implementado comportamientos estratégicos de Caótica para minimizar grandes sorpresas — o al menos para adaptarse rápidamente en el caso de una gran sorpresa.

Tercer paso. Definir los procesos de ejecución de los comportamientos estratégicos. Aquí es donde hay que hacer la mayor parte del trabajo pesado para crear los nuevos comportamientos estratégicos. Una vez que se dispone de puntos de referencia para entender la organización interna y extendida (por ejemplo, los interesados clave), hay que revisar todos los elementos de la organización que sean necesarios para ejecutar comportamientos estratégicos. Eso incluye todos los grupos evaluados en el segundo paso; cualesquiera sistemas y procesos dentro de la organización; mediciones de desempeño, modificadas como sea necesario, para estar seguros de que se alcanzan los objetivos; entrenamiento en nuevas pericias, impartido según se necesite, para ejecutar las nuevas conductas; nuevas plataformas de toma de decisiones interfuncionales para equipos de respuesta rápida; y, finalmente, compromiso de la gerencia ejecutiva de impulsar continuamente todos los cambios necesarios y suministrar el financiamiento para lograr que todo se haga.

Cuarto paso. Ejecutar los comportamientos estratégicos de Caótica. En este punto, deben implementarse nuevos comportamientos estratégicos en los departamentos clave de la compañía y a través de toda la organización extendida. Estos comportamientos tienen que ser probados y comprobados para un despliegue rápido y eficaz.

Quinto paso. Revaluar y revisar. Finalmente, es importante recordar que como el estado de la nueva normalidad está salpicado de rachas de prosperidad y depresión, los niveles de caos subirán y caerán con el tiempo, y a veces el caos alcanzará puntos de inflexión estratégica que exigirán que el modelo empresarial de la compañía sea disuelto para que pueda transformarse en otro nuevo. Incluso antes de alcanzar esos puntos de inflexión estratégicos de cambio de juego, el viejo modelo empresarial y las estrategias que lo acompañan tienen que ser vueltos a evaluar y revisados en forma continua por los líderes empresariales y su personal ejecutivo, como se muestra en el único bucle cerrado de la figura 4–3.

Recurriendo a la experiencia de una amplia gama de compañías que han superado siempre a sus contrapartes industriales, volvamos nuestra atención a cómo algunos departamentos funcionales clave empiezan a crear organizaciones más receptivas, robustas y capaces de recuperarse. Examinemos lo que el director ejecutivo debe esperar que haga cada departamento en respuesta a los nuevos estallidos de turbulencia y caos.

Finanzas e informática

FINANZAS

Como lo afirmó la revista *The Economist* cuando el colapso financiero del 2008 se generalizó y agudizó, "prepárese para el año del director financiero. El mundo seguirá viendo lo malos que son realmente los balances corporativos, y las compañías —que en su mayoría no sufrieron los primeros efectos del apretón crediticio— empezarán a ver lo complicado que será levantar dinero. Añada a eso el empujón ascendente en costos y el resbalón descendente en demanda, y habrá que recurrir al director financiero para apuntalar también las pérdidas y ganancias".[8]

Cuando los directores financieros y los ejecutivos de informática vean que la economía o su industria está metida en un prolongado período inestable, pueden mirar una concisa lista de verificación de comportamientos estratégicos elaborada sólo para sus departamentos y que puede orientarlos a través de las áreas en las que tienen que actuar para reducir/demorar, subcontratar o incrementar/acelerar, como se muestra en la figura 4-4. Esta lista de verificación para comportamientos caóticos en finanzas o informática es una herramienta simple y concisa que les brinda a los ejecutivos un lugar donde empezar, al prepararse para entrar en prolongados períodos de perturbada normalidad. Muchos comportamientos estratégicos son en realidad secciones en un plan empresarial que requerirá elaboraciones más detalladas.

Por ejemplo, una de las acciones recomendadas es "incrementar/acelerar cualesquiera reorganizaciones que rindan productividad sustancial". Esta recomendación cubre pequeñas y grandes compañías, sea cual sea el tamaño del reto. Un caso a propósito es el de BP, el gigante petrolero internacional, que estuvo cerca de la bancarrota durante la recesión de mediados de los años 90, cuando Lord (John) Browne, entonces a la cabeza de la división de exploración petrolera de la compañía (conocida como BPX),

REDUCIR/DEMORAR	SUBCONTRATAR	INCREMENTAR/ACELERAR
■ Nuevas relaciones de financiación (a menos que las actuales no sean confiables, entonces, cautelosamente, buscar nuevas).	■ Tantos servicios no esenciales como sea posible.	■ Nuevos sistemas de reporte a la gerencia, diseñados para dar más información de alta calidad a quienes toman decisiones, en tiempo real.
■ Optimización *in situ*.	■ Tantos servicios de tecnología de información como sea posible.	■ Nueva tecnología que mejore comunicaciones y productividad.
■ Inversiones en infraestructura y otros gastos en equipos de capital.	■ Tantos servicios de recursos humanos como sea posible (por ejemplo, nómina, entrenamiento, planeación de compensaciones, etc.).	■ Procedimientos de control de gastos.
■ Alzas de precios.		■ Descuentos por prepago, descuentos por volumen.
■ Términos favorables para algunos clientes.		■ Consolidación de gastos administrativos y de apoyo que no se hayan contratado ya por fuera.
■ Recompra de acciones.		■ Negociaciones en busca de términos más favorables con los proveedores profesionales de servicios (por ejemplo, contadores públicos juramentados, etc.).
■ Operaciones de bajo desempeño.		■ Uso de telepresencia y teleconferencias a través de toda la organización, y con los accionistas e interesados.
■ Uso de sobregiros (puede ser inducido por los bancos).		■ Uso de préstamos a término fijo (no pueden ser inducidos por los bancos).
■ Reducciones generales a través de toda la compañía.		■ Visitas personales a todas las instalaciones de la compañía con todo el personal clave.
■ Despidos/redundancias de empleados clave.		■ Crecimiento mediante adquisición, cuando son bajos los precios o avalúos de activos.
■ Financiación discrecional de plan de pensiones.		■ Cualquier reorganización que rinda mejoras sustanciales en productividad.
■ Proporciones de endeudamiento vs. competidores.		

Figura 4-4 *Lista de verificación de comportamientos estratégicos de Caótica para los departamentos de finanzas y de informática.*

se puso a reestructurar su feudo. El dilema era nítido: cambio radical o supresión. El control y la responsabilidad del desempeño en BPX se bajaron a nivel de cada campo petrolero. Previamente, las mediciones de desempeño eran computadas por regiones geográficas, dejando a los gerentes de menor nivel sin la menor idea de cómo se estaban desempeñando y con poco incentivo para hacerlo mejor. Cuando los primeros experimentos con la desagregación mostraron que eso incrementaba el producido y rebajaba los costos, se introdujo en toda la división BPX, y luego a través de toda la compañía cuando Lord Browne se convirtió en director ejecutivo, en 1995.[9]

Tradicionalmente, el gigante petrolero había tenido una estructura jerárquica centralizada, pero Lord Browne redujo el personal de la casa matriz en casi un 80% y empujó hacia abajo la toma de decisiones hasta noventa unidades empresariales recientemente establecidas. La jerarquía fue tan aplanada que el jefe de cada una de las noventa unidades reportaba directamente al comité ejecutivo de nueve miembros de la compañía — aunque a medida que BP crecía por adquisiciones se reintrodujeron algunos niveles intermedios. Cada gerente vio también reducido el apoyo que recibía de la casa matriz. Súbitamente, la tapa de su compartimiento estanco había sido removida. Para desestimular todavía más la mentalidad de compartimiento estanco, se establecieron enlaces horizontales entre las unidades. Los activos de BPX se dividieron en cuatro grupos, que reflejaban aproximadamente la etapa que habían alcanzado en su vida económica. Así los miembros de cada grupo enfrentaban problemas comerciales y técnicos parecidos, y se veían estimulados a apoyar a otros en su grupo y a ayudar a resolver los problemas de cada uno. La gente de BP desarrolló una dedicación honda e intrínseca a demostrar un desempeño cada vez más eficaz. Surgieron fuertes normas de confianza mutua — normas que incluían admitir pronto que se enfrentaban dificultades y buscar asistencia cuando se necesitara, responder positivamente a los pedidos de ayuda y cumplir las promesas en cuanto al desempeño. Como parte de la forzada reorganización, durante la más difícil de las épocas económicas se vendieron algunos activos y el personal de BP fue reducido a casi la mitad, en menos de tres años, con un desempeño financiero muy mejorado durante la década siguiente.[10]

Las actuaciones de Lord Browne en BP, en los años 90, estaban en la línea de los más recientes hallazgos de un informe McKinsey sobre la recesión de 2000-2001: Cuando entran en una contracción, la mayoría de los directores financieros exitosos mantienen, en general, un apalancamiento más bajo en sus balances y un estrecho control sobre sus costos operacionales. Tales fundamentos les dan un mayor grado de flexibilidad estratégica, que se vuelve más valiosa durante una recesión. Y aunque las recesiones anteriores no son necesariamente una guía para las futuras, los participantes en el estudio McKinsey creen que la flexibilidad puede marcar una notable diferencia, al permitirles a los directores financieros sacar ventaja de las oportunidades que la siguiente recesión pueda ofrecer.

El estudio McKinsey descubrió que la mayoría de directores financieros exitosos consiguieron flexibilidad para sus firmas. Específicamente, su flexibilidad quedó destacada en el balance y en las operaciones, de la siguiente manera[11]:

Flexibilidad del balance
- Constantes incrementos en capacidad:
  - Continuar e incrementar orgánicamente la capacidad.

- Reducción en inventario y también en cuentas por pagar:
  - Mantener inventarios bajos, seguir mejorando niveles de pre-recesión.

– Mantener habilidad para pagar proveedores más pronto y así asegurar mejores términos contractuales.

• Financiar capacidad para sacar ventaja de oportunidades:
– Reducir apalancamiento en comparación con los pares de la industria.
– Aumentar la habilidad para financiar internamente, mediante un balance más alto de efectivo y dividendos más bajos.

Flexibilidad operativa
• Variabilidad de costos
– Reducir costos generales, administrativos y en ventas, durante la recesión.
– Generar habilidad para reenfocarse rápidamente y reducir gastos.
– Mantener alta la productividad de los empleados.
– No hacer reducciones generales de personal.

Sin tener en cuenta cómo estaban posicionadas esas compañías antes de la contracción, muchas que surgieron como líderes se las arreglaron para expandir sus negocios durante la recesión, tanto orgánicamente (mediante inversiones internas) como a través de actividades inorgánicas tales como fusiones y adquisiciones, alianzas y empresas conjuntas a riesgo compartido. Y aunque los líderes incrementaron sus bases de activos mediante gastos de capital o adquisiciones al mismo ritmo de las compañías menos exitosas, el enfoque de su crecimiento era diferente. Los directores financieros más exitosos se aseguraron de que sus compañías gastaran menos en promedio en actividades de fusión o adquisición, y se enfocaron más en crecimiento orgánico durante épocas de crecimiento y prosperidad.[12]

El estudio McKinsey reportó que las compañías líderes tenían, en promedio, gastos de capital que eran 8% más altos y crecimiento mediante fusiones y adquisiciones que era 13% más bajo que sus contrapartes menos exitosas. Durante la recesión misma, sin embargo, las de mejor desempeño superaban a la competencia al seguir invirtiendo y creciendo inorgánicamente: las compañías que surgían en el cuartil superior tuvieron 15% más de gastos de capital y realizaron 7% más fusiones y adquisiciones — posiblemente comprando activos más baratos a vendedores apremiados. Esos directores financieros pudieron también pagar más pronto a sus proveedores y negociar así mejores precios y mejor servicio. Los directores financieros triunfantes también apalancaron los beneficios de la flexibilidad del balance que habían conseguido durante la recesión, y finalmente surgieron como los líderes del sector. Por ejemplo, la proporción promedio de deuda frente a activos antes de la recesión era la mitad de la de sus competidores menos exitosos, y los líderes de la post-recesión mostraban más efectivo en sus balances antes de la recesión que aquellos que surgieron menos exitosamente.[13]

Los directores financieros pueden darle flexibilidad al balance de una compañía reduciendo la intensidad de capital del modelo empresarial, por ejemplo, o resistiendo la presión de que se utilice deuda adicional para financiar crecimiento de dividendos o recompra de acciones. En el mismo estudio McKinsey, a medida que las utilidades crecían durante la expansión, las compañías que surgieron como triunfadoras se negaron a aumentar sus dividendos. La proporción de su pago de dividendos bajó gradualmente de un tope de 40% a 32% cuatro años más tarde. Entonces redujeron los pagos de dividendos decisivamente ante los primeros signos de recesión, rebajando la proporción de pago a un 28%. Por el contrario, antes de la recesión, sus contrapartes menos exitosas mantuvieron los pagos de dividendos más o menos estables —en un 33% a lo largo de los mismos períodos—, e incluso los aumentaron hasta un promedio de 38% mientras empezaba la última recesión.[14]

La perspectiva de una prolongada contracción debería llevar a los directores financieros a introducir planes de contingencia más severos en el manejo de los riesgos crediticios, liberando efectivo, vendiendo activos y revaluando el crecimiento. Pero también deben considerar las oportunidades que ofrece una contracción. Hay investigaciones que muestran que al principio de una contracción —cuando son altos los costos de, por ejemplo, gastos de capital, investigación y desarrollo, y publicidad—, los ejecutivos que han planeado con anticipación reducciones o expansiones pueden hacer los movimientos correctos.

Una contracción, especialmente una prolongada, puede ser una gran oportunidad para contratar nuevo personal de talento pero asegurándose de conservar el que haya actualmente en la compañía. Es también el momento de seguir gastando en iniciativas estratégicas de largo alcance y de apuntar a adquisiciones estratégicas, especialmente de empresas que pueden haber estado en el radar pero eran demasiado caras durante épocas económicamente más prósperas. Las compañías que gocen ahora de fuertes balances están en una buena posición para sacar ventaja de las condiciones actuales del mercado crediticio, y derivar una enorme apreciación de valor para sus accionistas.

Infortunadamente hay muchas funciones dentro del ámbito de responsabilidad de los directores financieros que no agregan ningún valor; no porque el propio director financiero no quiera sino porque los servicios siguen siendo prestados internamente. Algunos de esos servicios de apoyo deben ser inmediatamente contratados por fuera, porque eso le da al director financiero más apalancamiento en todo momento. Por ejemplo:

Función:	**Contratar externamente con:**
Nómina e impuestos de nómina	Firmas que presten esos servicios
Beneficios de los empleados	Administradores de planes
Publicaciones	Firmas especializadas
Planeación de conferencias	Firmas especializadas
Gerencia de instalaciones	Firmas externas – según la función
Inversiones	Gerentes externos de activos

En muchos casos, incorporar flexibilidad financiera y operativa es la parte esencial de los esfuerzos de un director financiero por aprovechar una contracción. Por lo tanto, los ejecutivos deben entender cómo hacer más variables los costos, y los directores financieros deben entender que hay que tener listos los balances. Entre las actividades deseables están darle forma a la base de inversionistas con el fin de generar apoyo para ideas que podrían parecer que van contra la sabiduría convencional en una contracción, y que pueden requerir una reducción de dividendos.

La pasada experiencia exitosa de las compañías que capearon lo peor de las tempestades económicas indica que las compañías deben ser muy cautas en cuanto a desarrollar nuevas relaciones financieras durante tiempos caóticos. Durante tiempos difíciles, las compañías tienen que mantenerse en estrecho contacto con sus socios bancarios e inversionistas más confiables. Sin embargo, este no es el caso de todas las compañías, pues algunas pueden tener entre esos socios algunos que ya no sean confiables. Las compañías que necesiten socios financieros más confiables y flexibles no deben desechar investigar y abordar posibles nuevos socios, tales como inversionistas en patrimonio o fondos soberanos de riqueza, cuyos recursos pueden ayudarles a sus aliados a sacar la mayor ventaja posible de una contracción, o aquellos que hayan demostrado una actitud mental más alineada con el medio y el largo plazo, y que puedan ser más confiables que los socios actuales.

Cuando se acercan épocas económicas difíciles, los directivos empiezan a pedirles a sus más altos ejecutivos que preparen a sus departamentos para la dura temporada que les espera. Hacia el futuro, esas temporadas serán por períodos más largos. Entre las preguntas que se le pueden hacer a un director financiero están las siguientes:

- ¿Qué medidas estamos tomando para reducir los costos generales?
- ¿Cuál es la situación de nuestro flujo de caja y qué está haciendo usted para preservarla?
- ¿Cuáles grandes gastos de capital que se avecinan podemos aplazar?
- ¿Cuál es la situación de nuestras líneas de crédito con nuestros bancos, y podemos recurrir a ellas fácilmente?
- ¿Qué podemos hacer para incrementar, en forma general, los márgenes en nuestros productos?

Y puede haber muchas más preguntas. Los directores financieros tendrán que estar listos a contestarse ellos mismos esas difíciles preguntas, mucho antes de que se las hagan sus directores ejecutivos.

INFORMÁTICA

Tanto en épocas económicas difíciles como expansivas, los ejecutivos de informática deben ver la manera de reducir gastos y mejorar el balance. "La reacción es retraerse a la zona confortable, apretar los botones de pausa y reducir costos", dice Brian Murray, estratega tecnológico del grupo consultor Morse. Él dice que dicha táctica puede ser una falsa economía, es decir, que la actuación puede ahorrar dinero al principio pero a lo largo de un período de tiempo prolongado resulta que se desperdiciará más dinero del que se ahorra. A medida que el cuadro en general se hace más complejo, exacerbado por la velocidad y profundidad de la contracción, la mayoría de las compañías reaccionan apresuradamente. Según un cliente del Grupo Gartner, afectado por la recesión global, este conglomerado "simplemente hizo pedazos un presupuesto que apenas tenía dos semanas de hecho, y arrancaron de cero".[15]

Según estudios recientes, cuando los ejecutivos empresariales y los de informática miran juntos, cada fin de mes, los procesos empresariales, las inversiones resultantes pueden tener un impacto diez veces mayor que el de los esfuerzos tradicionales por reducir costos que hacen en informática. Las contracciones dan a las compañías una oportunidad de refutar la sabiduría convencional e incrementar sus inversiones en informática. En muchas áreas, las inversiones con objetivos determinados pueden generar eficiencias y crecimiento del ingreso que supere lo ahorrado por reducciones directas de costos.

El truco está en explorar oportunidades — tales como mejorar la experiencia del cliente, reducir la filtración de ingresos y mejorar el apalancamiento operativo. Un esfuerzo semejante empieza con una investigación en manufactura y operaciones para identificar áreas que puedan producir ingreso a corto plazo y mejoras en la eficiencia, y luego identificar las formas como las inversiones en informática puedan tener un impacto sustancial, según un estudio McKinsey del 2008[16]. Por ejemplo:

- *Gestionar ventas y fijación de precios.* Desarrollar perspectivas de los segmentos de clientela y mejorar la disciplina de fijar precios para aumentar ingresos sin subirlos.

- *Optimizar fuentes y producción.* Repensar las cadenas de suministro y la logística para mejorar la programación de las entregas y el manejo del inventario.
- *Realzar los procesos de apoyo.* Mejorar la gerencia y uso de las fuerzas de campo (tales como instaladores y técnicos de campo) y de los centros de apoyo a los clientes.
- *Optimizar la gerencia de los gastos generales fijos y del desempeño.* Tomar mayor conciencia de la exposición al riesgo y mejorar la toma de decisiones y los procesos de gerencia del comportamiento.

Manufactura/Operaciones

Valiéndose de la previsión y una planeación y actuación correctas, muchos ejecutivos de manufactura y operaciones pueden posicionar sus compañías no solo para sobrevivir a cualquier contracción económica sino para beneficiarse en el largo plazo, porque el nuevo entorno fuerza en los procesos cambios que debieron haberse hecho hace tiempo, entre ellos los sistemas de control que impulsan costos significativos en las empresas. El primer paso para evitar que las contracciones económicas reduzcan las utilidades es llevar a cabo un análisis estricto para adelgazar la estructura de costos de la compañía sin afectar las partes más valiosas de la operación. La infraestructura administrativa y operativa de una organización tiende a crecer despacio y sobre una base selectiva en buenas condiciones económicas, pero cuando la empresa decae, generalmente recibe un rápido escrutinio y se ve sujeta a rápidas reducciones generales.

Los ejecutivos de manufactura y operaciones entienden que la estructura de costos de sus compañías es esencial para reducir o eliminar costos que no impactan las ventas. Debido a que el personal de marketing, ventas, servicio al cliente y soporte técnico está involucrado en gastos indirectos cotidianamente, constituye un excelente recurso para identificar prácticas ineficientes y desperdiciadoras. Avanzar en un enfoque de más colaboración interfuncional es la mejor manera de identificar y eliminar gastos directos que no agreguen valor y reducir nuevos gastos indirectos innecesarios.[17]

Desgraciadamente, durante una contracción económica profunda hay que tomar algunas decisiones difíciles. La manera más obvia de reducir costos es reducir personal. La gerencia tiene que determinar cuáles trabajadores agregan valor crítico y cuáles no. Uno puede argumentar que todo el personal suministra valor crítico. En ese caso, ¿cuáles miembros agregan menos? ¿Hay áreas en las que las responsabilidades evidentemente se traslapan? Si es así, una persona tendrá que llenar los zapatos de dos mientras la compañía aguanta el temporal económico. Para mantener los niveles de moral, a los trabajadores que agregan mayor valor crítico y no están en la línea de fuego se les debe informar lo mucho que valen.

Los ejecutivos de manufactura y operaciones a quienes se les pregunta qué pueden hacer sus grupos para ayudarles a sus firmas a capear épocas difíciles disponen ahora de una lista de verificación de comportamientos estratégicos elaborada para sus departamentos, que les sirve para tomar las medidas necesarias (ver figura 4-5). Es una lista de verificación de comportamientos caóticos para manufactura/operaciones que debe aplicarse en todas las épocas. La única excepción puede ser durante una extendida racha de prosperidad. Sin embargo, incluso entonces debe funcionar el sistema de alarma temprana para detectar cualquier nuevo desarrollo que pueda golpear la compañía.

La moral de los empleados en manufactura/operaciones es decisiva para asegurar una fuerte productividad y un optimista

REDUCIR/DEMORAR	SUBCONTRATAR	INCREMENTAR/ACELERAR
■ Proyectos de inversión de capital relacionados con capacidad (excepto si la compañía tiene altas reservas de efectivo y proyectos de alto rendimiento en la inversión).	■ Diseño e ingeniería de trabajo que no sean decisivos para la ventaja competitiva.	■ Incentivos para sindicatos y distribuidores que identifiquen oportunidades significativas de ahorro en costos.
■ Relaciones con nuevos proveedores; más bien esforzarse en mantener viables los actuales.	■ Producción que requiera nueva tecnología o equipo nuevo.	■ Bonos por ganancias en productividad.
■ Pasos innecesarios en los procesos de manufactura (por ejemplo, más material de empaque o pintura, o más equipo).	■ Producción de bajo valor.	■ Entrenamiento funcional a través de unidades para mayor flexibilidad de operarios.
■ Programación de embarques.	■ Logística y gerencia de la cadena de suministros.	■ Inversión en iniciativas de producción y capacidad.
■ Inventarios, pero sin poner en peligro el servicio al cliente con los clientes principales.		■ Colaboración entre instalaciones.
■ Nuevos productos o mejoras en productos o servicios menos importantes.		■ Inversión en tecnología para mejorar la comunicación y la responsabilidad.
		■ Racionalización de unidades de inventario.
		■ Trabajo en horas extras hasta que pueda empezar una nueva contratación.
		■ Precisión en los pronósticos de productividad.
		■ Turnos de inventario.

Figura 4-5 *Lista de verificación de comportamientos estratégicos de Caótica para el departamento de Manufactura/Operaciones.*

entorno corporativo. Es muy importante asegurar la participación de los trabajadores, incluyéndolos en las comunicaciones, para que puedan enterarse de lo que está pasando.[18] Este es un momento ideal para hacer entrenamiento adicional. Un entrenamiento a través de las unidades estimula la productividad y la flexibilidad, porque permite que un trabajador "cubra" el puesto de otro en caso de enfermedad, vacaciones o despido. Esta inversión en entrenamiento extra también les da a los trabajadores meritorios responsabilidades extras, lo cual, a su vez, aumenta su automotivación.

Cuando durante una contracción económica bajan las ventas proyectadas, los niveles de producción deben bajar proporcionalmente. Este no es el momento de amarrar capital de trabajo a un exceso de inventario. La gerencia debe identificar los costos que varían con niveles de producción y asegurarse de que esos costos se reduzcan apropiadamente. Debe prestarse atención a la señal de alarma de producción excesiva: un aumento constante de inventario medido por el número de ventas diarias en el inventario.

En un artículo titulado "The Strategic Enterprise: Rethinking the Design of Complex Organizations", la Mercer Delta Consulting describe su visión de la arquitectura organizacional del futuro: empresas alineadas estratégicamente y estrechamente conectadas, donde haya oportunidades para crear valor apalancando las capacidades compartidas, pero sólo enlazadas con soltura donde el mayor valor resida en enfoques diferentes. En otras palabras, relaciones estrechas o sueltas coexistirán dentro de la misma organización. Por ejemplo, en materia de investigación y desarrollo, una estrecha relación a través de funciones entre dos firmas puede ser benéfica para ambas. A la inversa, si una función diferente dentro de esas mismas dos empresas, digamos la de marketing, no puede suministrar fácilmente valor agregado recíproco para cada una, entonces esta parte de la relación entre las dos firmas será más suelta.

En la estructura organizacional tradicional, las unidades están ya sea fuera dentro de la organización y, como lo expresa David Nadler, de Mercer Delta, "conectadas densamente", o por fuera de la organización y totalmente desconectadas. Las transacciones con proveedores externos son distantes. Por el contrario, hoy en día, las organizaciones cohabitan con un gran número de empresas conjuntas y alianzas estratégicas, algunas más y otras menos conectadas. La línea entre lo que hay dentro y lo que hay fuera de la corporación, alguna vez tan clara, se desdibuja.[19]

Una de las más contenciosas de estas nuevas relaciones es la contratación externa [también llamada subcontratación o tercerización] — la entrega a otros de lo que alguna vez se consideraban funciones esenciales de la compañía. Lo primero que se transfirió a proveedores más eficientes fueron las operaciones de manufactura de las compañías. Algunas firmas han estirado la contratación externa hasta tal punto que ya no hacen nada. Todos los zapatos de Nike son fabricados por subsidiarias. La compañía emplea directamente pocas personas. Tales compañías en vez de fabricar productos ahora orquestan marcas. Como un conductor cuya batuta tiene sólo un control limitado sobre los distintos músicos en la orquesta, una compañía semejante puede todavía entregar un gran producto. Incluso Procter & Gamble —P&G, la manufacturera por antonomasia— se ha subido a ese vagón. "Nuestra capacidad esencial es la desarrollar y comercializar — ha dicho el director ejecutivo de P&G, A. G. Lafley. Llegamos a la conclusión de que en muchas áreas la manufactura no es [una capacidad esencial]. En consecuencia, yo les permití a las unidades empresariales que hicieran más contratación externa"[20].

Durante una contracción, la gerencia debe usar un enfoque multifacético para mantener, e incluso incrementar, los márgenes de la compañía. Una de las más altas prioridades de la gerencia debe ser desarrollar coherencia en las políticas de producción y laborales a través de la organización. Si los costos variables no bajan en proporción directa a las bajas en la producción, la gerencia no está haciendo bien su trabajo. Al abordar esas incoherencias, es esencial que toda la operación esté alineada hacia metas comunes, usando mediciones comunes. Hay que estar seguros de revisar los indicadores de desempeño para garantizar que hay medidas apropiadas de progreso hacia las metas.[21]

Habiendo identificado los comportamientos comunes de los ejecutivos de manufactura y operaciones de compañías que continuamente capean períodos prolongados de turbulencia económica, nosotros recomendamos las siguientes diez prácticas[22]:

- *Moverse prontamente a reducir costos y controlar gastos, reduciendo el enfoque de la empresa.* Los que triunfan se enfocan en unas pocas prioridades esenciales en las que puedan desarrollar un liderazgo claro, alejándose de malos negocios. Los que pierden en una contracción persiguen ventas no lucrativas tratando de conservar su línea tope.

- *Abstenerse de hacer reducciones generales en operaciones.* Estar seguro de preservar las áreas que más estiman los clientes. Las empresas que reducen uniformemente costos terminan, a menudo, perjudicando su capacidad para entregar sus productos y servicios. ¿Cómo saber qué es lo que más aprecian los clientes? Preguntándoles.

- *Considerar alternativas de despidos.* Reducir personal tiende a mejorar el balance y el precio de las acciones, en el corto plazo, pero a menudo produce repercusiones en el largo plazo. Estrategias alternativas incluyen reducir bonos para los gerentes, congelar salarios y reducir opciones de compensación. Deben comunicárseles claramente a los empleados las razones y el impacto de cualquiera de esas medidas.

- *Invertir en oportunidad.* Una mala economía puede presentar gangas, tanto en nuevos activos como en nuevo talento. Otras áreas buenas para invertir son investigación y desarrollo, marketing y calidad que perciba el cliente. Por el contrario, invertir en capital de trabajo, manufactura y administración no compensan lo mismo.

- *Conservar y desarrollar los mejores talentos.* Los trabajadores de alto impacto son a menudo más susceptibles de verse sonsacados por un competidor en una contracción. Las organizaciones que dan desarrollo personal y profesional, y rotan asignaciones, tienen mejores tasas de retención de empleados.

- *Estar seguro de que todo el mundo está en la misma onda.* Según estudios sobre ejecución estratégica, el desempeño sufre cuando no hay alineación respecto a las metas clave. Los grandes líderes formulan una agenda y se reúnen con accionistas e interesados clave para obtener apoyo y armar compromiso sobre metas y valores globales. Los líderes ineficientes permiten que prospere el politiqueo interno, y que dominen agendas ocultas.

- *Estimular preguntas y nuevas ideas.* Que los empleados no sientan temor a hacer preguntas y ofrecer sugerencias. Los líderes exitosos que admiten que no tienen todas las respuestas y piden aporte y colaboración facultan a su gente para que contribuya con sus mejores ideas.

- *Manejar bien la tensión.* En épocas difíciles, algunos ejecutivos de manufactura y operaciones se sienten tentados a aliviar la tensión en la organización tomando medidas unilaterales y duras. Eso puede ser un error. El liderazgo dictatorial frecuentemente no funciona. Le hace falta una base amplia de apoyo y tiende a eliminar conflictos constructivos que desafían el statu quo y a alimentar una buena toma de decisiones.

- *Comunicar con autenticidad*. Los líderes fuertes aceptan desafíos. Haciéndolo, construyen confianza. En vez de ser una señal de debilidad, es una señal de fortaleza.
- *Producir una visión y actitud positivas que acepte la realidad*. La tasa de desequilibrio puede victimizar a cualquier compañía que no permanezca entre las primeras. A menudo, las empresas en el tope de sus mercados fracasan, mientras compañías más agresivas y motivadas saltan al tope en una economía difícil. Cuando los ejecutivos de manufactura y operaciones despliegan disciplina y movilizan sus empleados a responder a los intereses y valores de los clientes, aumentan la posibilidad de aparecer en el tope cuando termine la contracción.

Cuando los ejecutivos de manufactura enfrentan épocas económicas difíciles, estas son algunas de las preguntas que se les puede hacer:

- ¿Qué se puede hacer para reducir nuestros costos mediante mayores eficiencias en la producción?
- ¿Qué se puede hacer para bajar los gastos fijos generales a lo largo de la contracción?
- ¿Qué funciones de operaciones podemos contratar externamente para bajar costos?
- ¿Qué podemos hacer para reducir costos en investigación y desarrollo? ¿Deberíamos estar agregando allí?
- ¿Qué podemos hacer para lograr que todo el mundo en producción reduzca costos?

Y puede haber muchas más preguntas, especialmente porque la mayoría de compañías fabricantes tienen una considerable base de activos intensivos de capital. Las instalaciones de producción, que fueron alguna vez una orgullosa colección de apreciados trofeos, están convirtiéndose cada vez más en un peso muerto que les impide adaptarse y ser ágiles. Los ejecutivos de manufactura y operaciones deben, por lo tanto, estar listos a contestar esas difíciles preguntas, mucho antes de que sus directores ejecutivos se las hagan.

Compras/Suministros

Durante más de una década de incansable competencia, alimentada por la globalización, los ejecutivos empresariales han sido conscientes de los beneficios estratégicos que podían alcanzar usando inteligentemente la gerencia de compras y suministros. Al mismo tiempo, se reconoce de mala gana que relativamente pocas compañías han explotado realmente todas, o casi todas, las ventajas que ofrecen estas funciones, especialmente porque ahora muchas compañías están tratando de reducir rápidamente los costos de compras (esta es una forma simulada de decir "lograr que los proveedores reduzcan sus precios") durante las subsiguientes épocas caóticas en sus industrias y empresas. Las principales preocupaciones incluyen cadenas de suministro más competitivas, desarrollo mejorado de producto y un menor tiempo para llegar al mercado — además de las significativas ventajas en costos, asociadas con contratar en países de bajo costo que, para ciertas industrias, pueden hasta incluir los Estados Unidos. No obstante la evolución en la forma como piensan los ejecutivos en cuanto a compras, no se ha traducido en los resultados que buscan. Una escasez de comportamientos estratégicos descarrila con mucha frecuencia los esfuerzos por mejorar de muchas compañías, mientras otras sufren de una mala alineación entre las compras y una estrategia más amplia.

Cuando se aproximan épocas económicas difíciles, los directivos empresariales piden a sus altos ejecutivos que preparen sus departamentos para las dificultades que los esperan. Entre las preguntas para los ejecutivos de compras y suministros están las siguientes:

- ¿Cuáles tecnologías podemos usar para tener una mejor vista de nuestros recargados costos de compras?
- ¿Cuáles diez categorías tope están disponibles para reducir costos, y cuánto podemos esperar ahorrar en cada categoría?
- ¿Qué valor adicional podemos extraer de nuestros proveedores para reducir nuestros costos?
- ¿Deberíamos considerar conseguir proveedores nuevos para reemplazar los que cuestan muy caro?
- ¿Cuáles servicios deberíamos contratar por fuera, cómo hacerlo y cuánto ahorraríamos?

Los ejecutivos de compras pueden valerse de la lista de verificación de comportamientos estratégicos desarrollada para sus departamentos que se muestra en la figura 4-6.

Para muchas compañías, el papel desempeñado por el departamento de adquisiciones no ha evolucionado mucho más allá de sus raíces transaccionales, como comprador de materiales, componentes y servicios. Pero algunas organizaciones de gerencia de compras y suministros están atrayendo la atención de los directores ejecutivos porque llevan la función a otro nivel. El potencial táctico de la función de compras y suministros en un alza de costos es algo bien sabido. Después de todo, el gasto en comprar bienes y servicios puede representar un porcentaje significativo de los costos de una compañía, de modo que los líderes empresariales han sabido, desde hace tiempo, que las mejoras en cuanto a compras pueden mejorar directamente el balance.

REDUCIR/DEMORAR	SUBCONTRATAR	INCREMENTAR/ACELERAR
■ Gastos proyectados de capital relacionados con capacidad, incluso aquellos con alta tasa de rendimiento sobre la inversión. ■ Nuevas relaciones con proveedores; más bien esforzarse en mantener viables los actuales. ■ Uso de proveedores no esenciales.	■ Trabajo de diseño e ingeniería que no sea crítico en cuanto a ventaja competitiva. ■ Producción que requiera nueva tecnología o nuevo equipo.	■ Conocimiento de todos los proveedores clave. ■ Mejoramiento de las relaciones con los proveedores clave. ■ Comunicaciones con los proveedores clave. ■ Auditorías conjuntas de proveedores. ■ Optimización de cadena de suministros. ■ Incentivos para sindicatos y proveedores (y otros interesados), para identificar economías de costos, ganancias en productividad y oportunidades de realce de los ingresos. ■ Entrenamiento interfuncional para una mayor flexibilidad en la producción. ■ Entrenamiento de personal de compras. ■ Conformidad interna con las listas preferidas de compras. ■ Contratos que protejan precios.

Figura 4-6 *Lista de verificación de comportamientos de Caótica para Compras/Suministros.*

Según otro informe McKinsey, las compañías que se distinguen como compradoras, adoptan un enfoque más riguroso del talento al subir, al mismo tiempo, el nivel de sus destrezas al adquirir bienes o servicios y explorar maneras inteligentes de conectar a los empleados de toda la organización en un propósito común. Esas compañías también fijan altas aspiraciones y metas que equilibran su visión del futuro con un enfoque perspicaz sobre cómo alcanzarlo. Finalmente, las mejores compradoras ponen un énfasis especial en alinear más estrechamente sus esfuerzos en cuanto a fuentes con las metas estratégicas corporativas, buscando oportunidades de ahorrar costos mientras se posicionan para obtener mayores utilidades a medida que se intensifica la globalización. Estas organizaciones pioneras están echando las bases para un mejor enfoque en cuanto a compras — un enfoque que las de desempeño promedio no deben desconocer.[23]

Para ayudarles a los ejecutivos de compras y suministros que deben mejorar la calidad de su juego durante épocas económicas difíciles cuando las relaciones entre las compañías y sus proveedores pueden verse afectadas, enumeramos aquí diez prácticas para comprar eficientemente. Estas prácticas fueron desarrolladas por los gurús de algunos de las mejores compradoras del mundo, que fueron recientemente calificadas así por la revista *Purchasing*[24]:

1. *Mejorar las relaciones con los proveedores.* Evitar relaciones que sean o muy íntimas o muy contradictorias. Hacer los pedidos de tal manera que se mantengan bajos los costos de los proveedores para así reducir los costos generales. Trabajar con los mejores proveedores, teniendo en cuenta a los que sean más apropiados, locales, regionales, nacionales o mundiales, según los bienes y servicios que usted necesita. En el caso de compañías que trabajan con demasiados proveedores, buscar y encontrar uno o dos grandes, y ganar apalancamiento dándoles todos sus negocios, o la mayoría.

Elaborar un plan anual de reducción de costos; los mejores proveedores entenderán este concepto.

2. *Elaborar una tabla de calificaciones para rastrear el servicio, la calidad, la oportunidad de las entregas y los precios de los proveedores.* Registre el desempeño en calidad, servicio y precio de sus proveedores, y luego comuníqueles los resultados. Entienda lo que es importante para los proveedores y asegúrese de que ellos entiendan lo que es importante para usted. Cuando sea posible, involucre desde el principio a los proveedores en el diseño de los productos.

3. *Obtener la información correcta.* Ajuste el número de proveedores que utiliza. Apalanque volúmenes con ellos. Compras y Finanzas deben formar un equipo para identificar el gasto actual y las oportunidades de mejorarlo. Ingeniería, Manufactura y Ventas deben ser incluidas en lluvias de ideas para mejorar productos y procesos.

4. *Armar un personal de compras con las destrezas apropiadas.* Usted deseará personal con destrezas analíticas para entrar en los detalles de lo que se compra. Usted necesita personas con grandes destrezas negociadoras — muy pocos, entre los ejecutivos de compras y entre los compradores que dependen de ellos son negociadores entrenados. También es esencial un conocimiento del negocio, incluyendo la habilidad para entender las metas empresariales de los ejecutivos de compras y la de trabajar en otras partes de la organización (por ejemplo, Ventas, Operaciones, Finanzas) para ayudarles a alcanzar sus metas. Además, entender el enfoque empresarial de sus proveedores es decisivo para estar seguros de que el personal de compras pueda dar la asistencia necesaria para que los proveedores también alcancen sus metas.

5. *Poner al comité ejecutivo 100% detrás de la función de compras.* Los más altos ejecutivos de compras deben reportar al director ejecutivo o al director operativo sin que haya otros ejecutivos de por medio. Los altos funcionarios deben tener línea directa con el departamento de compras para que puedan entender el impacto

que las alzas de precios tendrán en sus negocios, y decidir si trasladan esas alzas a los clientes. Las alzas potenciales de precios deben compensarse con bajas en otras áreas. Un enfoque de equipo en cuanto a compras ayuda a concentrarse en las áreas prioritarias de la compañía.

6. *Hacer respetar una lista de proveedores preferidos.* Los ejecutivos de compras deben respaldar a los gerentes de compras cuando haya que tomar una decisión difícil en cuanto al cambio de proveedores. Una lista de proveedores preferidos evitará que una lista general quede fuera de control.

7. *Estructurar equipos que sean centralmente liderados, pero implementados localmente.* Para obtener el mejor apalancamiento posible, los ejecutivos de compras deben recopilar datos en un punto central para evaluar el gasto total por área. Una vez que esto se determine, deben armarse equipos de compras que identifiquen los mejores proveedores para esas áreas. Deben aumentar la cantidad de artículos de consumo, materias primas y otros suministros que compre la casa matriz, para obtener mejor volumen y precios más bajos. Deben colaborar con los proveedores seleccionados y escuche sus ideas para alcanzar un mayor éxito.

8. *Desarrollar fuertes estrategias de negociación.* Cuídese de las cláusulas de renovación automática — todos los días hay organizaciones perjudicadas por acuerdos que las obligan a utilizar un proveedor durante un tiempo más a pesar de querer reemplazarlo. Un constante entrenamiento y desarrollo organizacional en el área de negociación es también clave para desarrollar una relación donde todos ganan con su red de proveedores.

9. *Utilizar tecnología para avanzar por delante de la competencia.* Asegúrese de utilizar una tecnología que automatice tareas complejas que antes se hacían manualmente. Capte los datos correctos y aprovéchelos cuando empiece a negociar.

10. *Diseñar un programa de incentivos que realmente beneficie al individuo y a la compañía.* Los incentivos que se pagan a los empleados son cruciales para la estabilidad de las organizaciones que aceptan y adoptan el cambio. Asegúrese de que lo que se premie sea lo que lo merezca.

Recursos humanos

Durante una contracción, se cancelan proyectos, pierden sus empleos algunos miembros del personal y la moral empieza a sufrir. Los directores ejecutivos están pendientes de que los ejecutivos de recursos humanos mantengan todo bajo control durante esas contracciones. Aprovechar al máximo los empleados, en esta clase de entorno, puede parecer una tarea imposible, lo que explica por qué se les pide tanto ahora a los ejecutivos de recursos humanos. De hecho, esta es una oportunidad perfecta para rediseñar procesos y arreglar lo que esté mal — y muchos de los altos ejecutivos están en una posición única para hacer precisamente eso, si el jefe de recursos humanos puede mostrarles cómo. He aquí la manera de ser honesto y abierto con sus empleados, recompensarlos de manera creativa y comprometerlos a tomar decisiones difíciles, para no solo mantener motivada a la organización sino para ayudar a que las compañías "caídas" se recuperen.

Cuando los ejecutivos de recursos humanos tienen que hacer más para ayudar a sus firmas a capear tiempos difíciles, pueden también referirse a la lista de verificación de comportamientos estratégicos elaborada para su departamento (ver figura 4-7).

He aquí diez recomendaciones de recursos humanos que sirven para mantener a las compañías avanzando cuando la economía no lo está[25]:

RECORTAR/APLAZAR	SUBCONTRATAR	INCREMENTAR/ACELERAR
■ Todo incremento salarial.	■ Gestión de nómina.	■ Comunicaciones a través de toda la empresa para mantener alta la moral.
■ Ampliación de espacio de oficinas.	■ Gestión de seguros.	■ Sistemas de compensación y bonos basados en desempeño.
■ Reuniones y convenciones de toda la compañía.	■ Planeación de compensaciones.	■ Sistemas de medición de productividad y seguimiento.
■ Promociones.	■ Gestión de beneficios.	■ Entrenamiento de todo el mundo, incluyendo la gerencia ejecutiva.
■ Despidos de empleados claves.	■ Planeación de reuniones.	■ Uso de programas de entrenamiento, gubernamentales y comunitarios.
	■ Entrenamiento.	■ Uso de contratistas para entrenar.
		■ Uso de entrenamiento por computador y en línea.
		■ Identificación y conservación de la gente más talentosa.
		■ Reclutamiento (pero siendo muy selectivo).
		■ Uso (en los Estados Unidos) de las cuentas de ahorro de salud, para bajar costos en ese rubro.

Figura 4-7 *Lista de verificación de comportamientos estratégicos de Caótica para el departamento de recursos humanos.*

1. *Siga reclutando.* Casi siempre, las contracciones económicas son de corta duración, de modo que no pierda de vista el crecimiento a largo plazo. Es más fácil invertir tiempo de entrenamiento para nuevos empleados durante períodos de crecimiento lento. También vale la pena recordar que si despide empleados durante una recesión, puede que tenga que volver a contratarlos cuando los tiempos mejoren — y eso puede costar mucho más dinero en el largo plazo.

2. *No reclute un problema.* Durante épocas difíciles, no rebaje sus estándares de contratación — de hecho, súbalos. Habrá disponible mucha gente de talento, de modo que su compañía no tiene por qué contratar gente menos preparada.

3. *Asigne prudentemente los recursos.* Elimine reuniones que no agregan valor. Acórtelas. Organice las reuniones sobre ventas, y otras, con un propósito claramente definido. Produzca requerimientos específicos de desempeño, pero considere añadir algunas reuniones de alto impacto con clientes o distribuidores mientras el resto del mundo empresarial está reduciéndolas.

4. *Siga hablando.* Sea honesto con sus empleados en cuanto a lo difícil del momento; déjeles entender el verdadero cuadro financiero. Los empleados están casi siempre dispuestos a hacer o aceptar recortes y cambios cuando comprenden los hechos. Hablar clara y honestamente con sus empleados ayuda a reducir los rumores que se oyen en el sitio de trabajo.

5. *No se conforme con el mensaje del director ejecutivo.* El correo electrónico del director ejecutivo en el cual explica por qué la compañía está en rojo puede no decirles mucho a los empleados, lo que quiere decir que los gerentes intermedios tienen que hacer de intérpretes. Dígales a sus gerentes que les hablen a los empleados en pequeños grupos, y sea lo más franco posible sobre la situación de la compañía.

6. *Vea el lado positivo.* Deles a los empleados una retroalimentación positiva cada vez que pueda. Registre y agradezca cuando un trabajo se hace bien y considere incentivos que no sean en plata. Es razonable pedirles a los empleados que hagan su trabajo lo mejor posible. Si no se están desempeñando dando lo mejor de sí, puede ser útil una apropiada valoración de desempeño en la que se estimule el aporte de ambas partes. Tampoco hay necesidad de mostrarse blandos. Sacar a la compañía de la contracción no va a ser fácil y poner énfasis en los retos puede traer beneficios. Es un buen momento para que los empleados se den cuenta de que pueden desempeñar un mayor papel en cuanto a descubrir oportunidades para la compañía.

7. *Siga entrenando gente.* Durante las contracciones, las personas necesitan destrezas y conocimientos nuevos y más avanzados, y el entrenamiento ciertamente también suministra un fortalecimiento de la moral.

8. *Consiga el apoyo del equipo para arreglar lo que esté mal.* Tradicionalmente, los altos ejecutivos deciden la estrategia y dejan que se filtre. El problema con este enfoque es que rara vez consigue movilizar a los empleados en torno a una meta común. Esto tiene que ver con resolver problemas y con disciplina, y ahí es cuando entran los empleados. Las compañías deben comprometer a sus empleados en el esfuerzo de identificar dónde y cómo reducir costos. La destreza o experiencia de los empleados no solo los involucrara más en el éxito de la compañía sino que le permite a la gerencia ver más honestamente qué es lo que no está funcionando. Descubra cuáles son los empleados que se destacan en sus departamentos y consiga que adopten y expandan el esfuerzo del cambio. Esas son las personas que saben cómo funcionan las cosas y tienen la manera de reunir a otros para conseguir que las cosas se hagan.

9. *Haga seguimiento*. Muchos programas de ahorro de costos fracasan porque la gerencia sólo implementa medianamente la iniciativa o permite que vuelvan las ineficiencias después de haber alcanzado metas de corto plazo. Adopte los cambios del todo, o no los adopte.

10. *Mantenga andando a los que se desempeñan mejor.* En un mundo ideal, las contracciones tienen un lado bueno: reclutar empleados calificados se hace más fácil. Con más candidatos en el mercado laboral, ahora puede ser el momento de encontrar talento nuevo si su compañía tiene los recursos para seguir contratando. Pero los gerentes no deben olvidar a quienes mejor se desempeñan y que ya son miembros del personal. Cuando la economía está mal, es fácil pensar que los empleados están muy agradecidos por tener siquiera un empleo, pero despidos y recortes presupuestales pueden ser la causa de que buenos trabajadores busquen mejores oportunidades. Hay que darles un motivo para quedarse, abriéndoles paso para que avancen en sus carreras.

Los altos ejecutivos de las compañías deben tomar más a pecho su papel en asegurar el desarrollo de las generaciones, actuales y próximas, de los altos líderes en sus organizaciones — esto es, crear una amplia reserva de sucesores potenciales de los altos ejecutivos, en cada una de las áreas funcionales, y más allá. Cuando las agendas se atestan y complican, el desarrollo del talento está entre los tópicos que más fácilmente se pasan por alto o, al menos, se aplazan, incluso cuando nadie disputa la importancia de tener siempre la gente adecuada, con las destrezas apropiadas, a la cabeza de cada función empresarial. Aquí es donde los ejecutivos de recursos humanos tienen que actuar, cerrar la brecha de talento y ayudarles a sus compañías a afrontar los retos de un entorno cada vez más turbulento.

Conclusión

El objetivo del modelo Caótica es darles a los líderes empresariales una guía clara para crear organizaciones receptivas, robustas y capaces de recuperarse. Tales organizaciones tienen la habilidad de reaccionar prontamente a un entorno que cambia constantemente. Pueden aguantar grandes tensiones y presiones con mínimo daño. Pueden capear impredecibles variaciones en su entorno y tienen la habilidad de "rebotar" cuando los tiempos y circunstancias difíciles mejoran. Esas empresas tendrán éxito en el nuevo entorno, y en cualquier entorno.

Implementando audazmente las protecciones profilácticas de los *comportamientos estratégicos de* Caótica departamento por departamento, los ejecutivos empresariales pueden avanzar y asegurar los futuros de sus compañías frente al entorno cada vez más impredecible que les espera. Además, implementar tales comportamientos estratégicos empezará el largo y constante proceso de crear culturas más evolucionadas — en las que todos los miembros estén mejor sintonizados con el entorno y tengan las herramientas para tener éxito en un futuro incierto, resguardar sus empresas de riesgos en el entorno y aprovechar las nuevas oportunidades que puedan surgir. Finalmente, tales organizaciones poseerán el conocimiento y las destrezas colectivas adecuadas para crear culturas que tengan los necesarios soportes hondamente incrustados en ellas, y así alcanzar una *sostenibilidad empresarial* de largo plazo en el futuro.

CAPÍTULO CINCO

Diseñar sistemas de marketing que se recuperen

Aquellos que son tan locos que creen que pueden cambiar el mundo, son quienes lo cambian.

—Steve Jobs, cofundador y director ejecutivo de Apple, Inc.

ACELERADAS TASAS de cambio, crecientes niveles de complejidad y cada vez mayores riesgos e incertidumbre se han convertido en la nueva realidad de marketing en épocas de turbulencia. Para defenderse de los choques externos de la turbulencia y el caos que pueden destruir una empresa, una compañía debe incrementar su capacidad de recuperación a todo nivel, y especialmente en marketing y ventas.

Esa capacidad de recuperación es una actitud mental que los agentes de marketing, y toda la gente de la organización, deben adquirir y cultivar. Los agentes de marketing tienen que llegar a dominarla para poder participar decisivamente en el mercado, superar el caos y conectarse con los consumidores. Pensar de esa manera les ayuda a transformar la ansiedad en acción, y la dificultad en decisión y firmeza.

Los mejores agentes de marketing no solo reaccionan ante las crisis sino que arman la capacidad interior para esperar lo inesperado. Reinventan continuamente los modelos empresariales y las estrategias de marketing durante épocas caóticas, de tal modo que puedan adaptarse rápidamente a medida que cambian las circunstancias del mercado.

Hoy en día, la compañía típica opera un sistema de marketing que ha surgido de años de ensayo y error. Ha elaborado políticas, estrategias y tácticas para utilizar investigación de mercado, fijación de precios, personal de vendedores, promociones publicitarias, exposiciones y ferias comerciales, y otras herramientas de marketing. Esas prácticas es probable que persistan, porque producen la sensación de seguridad y poder de predicción de las cosas. Funcionaron en el pasado y se supone que funcionen en el futuro.

Hay, sin embargo, un problema. El mundo no deja de cambiar. Creciente turbulencia y caos están transformando el mundo más rápidamente y en formas más dramáticas que en ningún otro momento de los últimos cincuenta años. Hoy en día, los clientes muestran cambios en sus intereses, presupuestos y valores. Los canales de distribución asumen nuevas formas, al tiempo que surgen nuevos canales de comunicación. Aparecen competidores nuevos. Se imponen nuevas leyes y regulaciones. Por todas partes se aprecia la turbulencia.

Estos cambios ponen a una compañía en un punto de inflexión estratégico: o sigue con su misma estrategia o reconoce la necesidad de una nueva. Evidentemente, la compañía tiene que revisar sus políticas y herramientas de marketing. Si no lo hace, el nuevo entorno la castigará — quizás hasta el punto de hacerla fracasar.

La primera tarea es reconocer los cambios más grandes que han venido teniendo lugar en el panorama mercantil. En seguida se mencionan cuatro cambios clave. Estos cambios demandan una manera de pensar radicalmente nueva por parte de los gerentes y agentes de marketing.

Cuatro cambios clave en el panorama del marketing

1. *Los clientes están mejor informados que antes. Se sienten facultados. Pueden descubrir casi cualquier cosa sobre cualquier producto, servicio o compañía a través de Internet y contactando a otros en sus redes sociales.*

2. *Los clientes están cada vez más dispuestos a confiar en marcas de tiendas bien conocidas, y comprarlas cuando muestran precios más bajos que las marcas nacionales más publicitadas.*

3. *Los competidores pueden copiar más rápidamente cualquier producto o servicio nuevo, reduciendo así el rendimiento sobre la inversión del innovador. Las ventajas competitivas tienen hoy día una vida más corta.*

4. *Internet y las redes sociales han creado fuentes de información y comunicación completamente nuevas, lo mismo que nuevas maneras de vender directamente a los clientes.*

Estos cambios demandan una forma de pensar totalmente nueva de parte de los gerentes y agentes de marketing. Las compañías inteligentes se están pasando de una forma de pensar a otra.

**Los más importantes cambios en la mentalidad
de los agentes de marketing**

- De ser los agentes de marketing los que piensan en los clientes a ser toda la compañía la que lo haga.
- De venderle a todo el mundo a tratar de ser la firma que mejor atiende mercados bien definidos.
- De organizar por productos a organizar por segmentos de clientela.
- De fabricar todo dentro de la compañía a comprar más bienes y servicios por fuera.
- De utilizar muchos proveedores a trabajar con menos, pero más identificados con la compañía.
- De poner el énfasis en los activos tangibles a hacerlo con activos intangibles de marketing (marcas de compañía, intereses de los clientes, canales de lealtad y propiedad intelectual).
- De fortalecer marcas mediante publicidad a hacerlo mediante comunicaciones integradas de marketing y desempeño que satisfaga.
- De sacar utilidad de cada venta a construir valor duradero para el cliente.
- De apuntarle a una mayor cuota de mercado a apuntarle a una mayor cuota del bolsillo de cada cliente.
- De ser local a ser "glocal" (tanto global como local).
- De enfocarse en lo financiero a también hacerlo en el marketing.
- De enfocarse en el beneficio para el accionista a hacerlo en el beneficio para el cliente.

No estamos diciendo que toda compañía esté cambiando su actitud mental respecto al marketing. El propósito de esta lista es el de estimular a su compañía a cuestionar sus ideas y políticas actuales. Es de esperar que usted haga cambios importantes que mejoren el desempeño del marketing.

Otro estimulante para repensar el marketing de la compañía es examinar las características que distinguen, normalmente y desde el punto de vista del marketing, a las compañías deficientes, buenas y excelentes.

CARACTERÍSTICAS DE MARKETING: DEFICIENTES, BUENAS Y EXCELENTES		
Deficientes	**Buenas**	**Excelentes**
Impulsado por el producto	Impulsado por el mercado	Impulsando el mercado
Orientado al mercado masivo	Orientado a segmentos del mercado	Orientado a nichos del mercado
Oferta de producto	Oferta aumentada de producto	Oferta de soluciones para el cliente
Calidad promedio de producto	Calidad del producto mejor que el promedio	Calidad legendaria del producto
Calidad promedio de servicio	Calidad del servicio mejor que el promedio	Calidad legendaria del servicio
Orientado a la función	Orientado al proceso	Orientado al resultado
Por reacción a la competencia	Con referencia a la competencia	Superando la competencia
Explotación del proveedor	Preferencia del proveedor	Sociedad con el proveedor
Explotación del intermediario	Apoyo al intermediario	Sociedad con el intermediario

Deficientes	Buenas	Excelentes
Impulsado por el precio	Impulsado por la calidad	Impulsado por el valor
Velocidad promedio	Velocidad mejor que la promedio	Velocidad legendaria
Jerarquía	Red	Trabajo en equipo
Integrado vertical-mente	Organización aplanada	Alianzas estratégicas
Impulsado por accionistas	Impulsado por quienes tienen intereses en la compañía	Impulsado por la sociedad

Fuente: Philip Kotler, *Marketing Management,* 13a edición, pág. 660.

Las reacciones más comunes del marketing frente a las crisis

Cualquiera que sea la postura de su compañía en cuanto a marketing en tiempos normales, cambiará en tiempos turbulentos, especialmente al principio de una espiral descendente o una recesión. Eso se debe a que en respuesta a la recesión sus clientes cambiarán su comportamiento y lo que aprecian.

Primero, considere a los consumidores. Frente a la perspectiva de tiempos más difíciles y posiblemente pérdida de empleos, reducirán su gasto. Estos son tres comportamientos probables de los consumidores:

• *Los consumidores se pasan a productos y marcas de menor precio.* Dejarán de comprar marcas nacionales para empezar a comprar marcas de tienda, e incluso genéricas. Este cambio en el comportamiento afectará duramente las marcas preferidas nacionales e internacionales, especialmente las más débiles y costosas.

- *Los consumidores reducen o aplazan compras de cosas como automóviles, muebles, grandes electrodomésticos y vacaciones costosas.* Aquellas compañías que hacen o venden productos o servicios discrecionales se verán forzadas a presupuestar a la baja, reducir inventario y, posiblemente, despedir trabajadores. Proveedores y empleados se verán con menos poder adquisitivo y consecuentemente reducirán sus compras.
- *Los consumidores reducen el uso de sus automóviles y empiezan a comprar más a proveedores cercanos a sus hogares o lugares de trabajo.* Gastarán más tiempo comiendo en casa y dependiendo de entretenimiento casero a través de la televisión e Internet.

Las empresas también se moverán a reducir sus costos y conservar capital. Tomarán medidas tales como:

- Reducir la producción y los pedidos a sus proveedores. No querrán aumentar inventarios frente a una demanda decreciente. No querrán rebajar precios para liquidar inventarios.
- Reducir su tasa de inversión de capital. Esta decisión afectará la demanda de acero, cemento, maquinaria, software y muchos otros insumos.
- Reducir sustancialmente sus presupuestos de marketing.
- Aplazar el desarrollo de nuevos productos y suspender el de nuevos proyectos.

Una de las peores respuestas empresariales a la turbulencia súbita y a la recesión es hacer reducciones generales de costos a lo largo y ancho de la compañía, haciendo que, por ejemplo, cada departamento reduzca sus costos en un 10%. Imagine una compañía de servicios muy estimada, forzada a reducir su presupuesto de servicio en un 10% (¡mejor reducir gastos innecesarios que afectar el servicio!). Imagínese una reducción en publicidad y propaganda de un 10% cuando la compañía necesita más publicidad, no menos, aunque sea gastada de manera diferente.

Algunos directores ejecutivos piden a cada sucursal y subsidiaria reducir gastos en un determinado porcentaje, pero dejan que cada gerente de sucursal decida qué es lo que va a recortar. Esto es prudente porque cada sucursal enfrenta diferentes retos y oportunidades.

Dentro de la arena del marketing, quienes están a cargo al principio de una recesión deben considerar los siguientes pasos posibles, provenientes de la guía tradicional de planeación estratégica alternativa — una para mercados en ascenso y otra para los que están a la baja.

- Abandonar segmentos de clientela que den pérdidas.
- Abandonar clientes que den pérdidas dentro de un segmento.
- Abandonar zonas geográficas que den pérdidas.
- Dejar perder productos que den pérdidas.
- Bajar precios o promover marcas de menor precio.
- Reducir o descontinuar anuncios y promociones que no estén dando resultado.

Considere la forma como decidieron en Procter & Gamble reducir costos de marketing del 25 al 20% de las ventas para seguir siendo competitivos en un mercado a la baja. La compañía:

- Estandarizó la formulación, presentación, empaque y publicidad de más productos alrededor del mundo.

- Redujo el número ofrecido de tamaños y sabores de productos.
- Abandonó o vendió algunas de las marcas más débiles.
- Lanzó o introdujo menos marcas pero más promisorias.
- Redujo promociones para intermediarios y consumidores.
- Redujo la tasa de aumento de publicidad.

El ejemplo de P&G indica que toda compañía debe escoger con cuidado las formas como reduce los costos de marketing cuando enfrenta situaciones de deterioro del mercado. He aquí una lista de verificación con preguntas que usted debería empezar a hacerse. ¿Puede su compañía...

- ...rebajar los costos de papel, fotocopiado y otros insumos, negociando precios más bajos o pasándose a proveedores de menor costo?
- ...pasarse a utilizar servicios de transporte que cuesten menos?
- ...cerrar oficinas de ventas si no están utilizándose suficientemente? (El personal de ventas que trabaja por fuera puede hacerlo desde sus casas en vez de viajar hasta la oficina.)
- ...poner su agencia de publicidad en un plan de compensación según desempeño en vez de ofrecer una comisión estándar sean cuales fueren los resultados?
- ...reemplazar canales de comunicación de alto costo con otros de menor costo? (El correo electrónico es más barato que el correo directo.)
- ...alcanzar mayor impacto al pasar dinero para comerciales de treinta segundos a efectuar relaciones públicas o utilizar nuevos medios digitales?

- ...abandonar rasgos de producto o servicio que parecen no importarles a los clientes?
- ...realizar sus reuniones de personal de marketing y conferencias con los clientes en lugares menos costosos?

Estos tiempos económicos turbulentos están forzando a todos los ejecutivos de marketing a reevaluar sus planes de gasto. Abordar las siguientes cinco difíciles preguntas les ayudará a determinar cómo reducir y reasignar mejor sus presupuestos[1]:

1. *¿Tiene usted un completo inventario de sus inversiones de crecimiento y puede identificar desperdicio (o gasto ineficiente)?* Hacer periódicamente un inventario de inversiones revelará dónde se está desperdiciando dinero, en casi un 15% cada vez, junto con partidas ganadoras que deben apoyarse sin importar en cuanto hay que reducir el presupuesto. Un inventario detallado identifica desperdicios obvios y productores claros, lo mismo que áreas de gasto que ofrecen oportunidades para mejorar el balance con un gasto más eficiente y efectivo.

2. *¿Cambian sus inversiones el comportamiento de compras de sus clientes?* La cuota de mercado y las metas de recaudo son demasiado generales, para ser barómetros ciertos de la efectividad. Es más importante saber cuáles comportamientos específicos está usted tratando de impulsar, entre segmentos específicos de clientela. En el caso de un segmento de clientes, puede ser impulsar un servicio anual versus uno bi-anual de mejora en la presentación; en el caso de otro, puede ser motivar clientes a comprar un 50% más cada vez que hacen un pedido. Identificando comportamientos que generen crecimiento, usted puede juzgar sus inversiones de marketing por su habilidad para impulsar esos comportamientos.

3. *¿Están sus inversiones enfocadas en las barreras que tienen sus clientes para comprar su marca?* Trate de entender las barreras para comprar y luego elija los vehículos de marketing y mensajes que puedan superarlas. Por ejemplo, una compañía con alta cuota de mercado gastó fuertemente en publicidad masiva para despertar conciencia sobre sus productos — lo cual es eficaz si usted está examinando el costo dividido por el número de prospectos. Sin embargo, la marca ya era suficientemente conocida. Una mejor manera hubiera sido gastar dinero en lograr el cierre de la venta — un cambio que podría de hecho incrementar notablemente el crecimiento. A la inversa, una compañía con baja cuota de mercado tiene primero que despertar conciencia hasta niveles más altos, en cuyo caso la publicidad masiva da mejores resultados.

4. *¿Tiene usted la combinación adecuada de palancas de marketing entre sus inversiones?* Todas las inversiones en marketing hacen al menos tres cosas: (1) cambiar las percepciones de los clientes, para animarlos a comprar más; (2) dar incentivos temporales, para que los clientes compren más, y (3) hacer la marca más accesible de modo que los clientes puedan comprar más. Enfocarse demasiado en una cualquiera de las palancas puede afectar las otras. En vez de eso, el modo de pensar debe pasar a sopesar la combinación adecuada de inversiones y generar crecimiento lucrativo.

5. *¿Tiene usted que mantener "ganadores" y "perdedores"?* Al estimar sus inversiones ganadoras y perdedoras, es decisivo pensar sobre los impactos de esas decisiones, tanto a largo como a corto plazo. Cuatro consideraciones deben orientar esa evaluación: (1) efectividad y eficiencia; (2) mantenimiento frente a crecimiento; (3) probado frente a experimental; y (4) impacto directo e indirecto.

Saber cuáles estrategias de marketing desplegar durante períodos de contracción económica es un gran reto. Sin embargo tales épocas también ofrecen nuevas oportunidades. Evaluar y alinear sus actividades de marketing con esas cinco preguntas críticas le permitirán mayores eficacia, eficiencia y rendimientos — esté como esté la economía.

Respuestas estratégicas de marketing a las crisis

Lo que es más importante recordar durante períodos turbulentos es que probablemente sus clientes cambiarán; por tanto, usted tiene que cambiar. Si usted sabe para dónde van sus clientes, tiene que estar listo a ajustar sus ofertas. No basta reducir costos. Usted tiene que ajustar su línea de productos y la presentación de sus servicios.

Consideremos esta tarea en relación con lo que un restaurante debe hacer cuando se enfrenta a costos disparados de alimentos y al hecho de que los consumidores salen menos en automóvil cuando el combustible cuesta más. Los clientes están más apretados. Muchos se pasarán a restaurantes más baratos o a platos más baratos en los mismos restaurantes. Una de las primeras cosas que hacen los clientes es pedir menos aperitivos y postres. En ese caso, ¿cuáles opciones tienen los restaurantes para reducir gastos pero conservar sus clientes y hacer utilidades? Generalmente eligen una o más de estas cuatro respuestas:

- *Reducir el tamaño de las porciones.* Los estadounidenses están acostumbrados a porciones enormes. Ahora es el momento de mermar el tamaño y reducir el costo. Durante la recesión del 2008, la cadena de restaurantes TGI Friday decidió ofrecer porciones de tamaños reducidos.

- *Bajar el precio.* El restaurante puede bajar los precios de uno o más artículos. La cadena de restaurantes Outback anunció una comida con bistec por menos de 10 dólares, que consistía en una porción de seis onzas de la mejor carne, con ensalada, papa cocida y pan, por 9,99 dólares. Los restaurantes Hooters redujeron el precio de su cerveza de barril a un dólar.
- *Mantener el mismo precio, pero agregar algo.* La cadena de restaurantes Friendly's cobra todavía 9,99 dólares por el plato principal, pero ahora lo sirve con un postre doble de helado. La cadena Denny's ofrece un "Express Slam", con dos huevos, dos panqueques, dos tiras de tocino y dos salchichas, por cuatro dólares, entre las 5 a.m. y las 4 p.m. todos los días.
- *Rebajar la calidad de la comida y de los ingredientes.* Algunos restaurantes sustituyen la carne de primera por una de segunda, o el mejor pollo por uno no tan bueno o, al cocinar, utilizan menos mantequilla o la reemplazan con margarina. Esta manera de reducir costos acarrea el riesgo de que los clientes se decepcionen y no vuelvan.

Evidentemente, cualquier compañía con limitaciones presupuestarias que esté tratando de atraer a más clientes tiene que listar sus alternativas y pensar con cuidado las implicaciones de cada movida que haga. Los clientes tienen ciertas expectativas y experiencias, de modo que la compañía tiene que decidir cuál es la mejor combinación estratégica que permita que los clientes la sigan visitando. La compañía tiene que elegir medidas que preserven su proposición de valor y su atractivo, al tiempo que baja los costos.

Una compañía también tiene que escoger su combinación estratégica en relación con lo que sus competidores estén haciendo (o puedan hacer). Suponga que sus competidores han estado rebajando sus precios. Esto le deja a usted pocas alternativas distintas de bajar también sus precios, o agregar algunos fuertes beneficios. O suponga que sus competidores no han rebajado sus precios. ¿Deberá su compañía quedarse quieta, o ser la primera en bajar precios, a sabiendas de que algunos competidores se verán forzados a responder rebajando *sus* precios?

Las compañías también tienen que pensar positivamente en las oportunidades que pueden ser producidas por la turbulencia. Algunas compañías consideran a las crisis como oportunidades. Un prominente banquero comentaba que su banco no puede hacer mucho para mejorar su cuota de mercado en tiempos normales, pero que cuando sobreviene una crisis y algunos de sus competidores se debilitan, él puede adquirirlos a bajo costo o puede ganar cuota de mercado más fácilmente — siempre y cuando tenga efectivo y esté dispuesto a correr ciertos riesgos.

Los agentes de marketing enfrentarán muchos retos nuevos en el futuro predecible, pues el entorno seguirá experimentando turbulencia esporádica. Durante pasadas oscilaciones económicas —lo mismo que durante francas recesiones— los más experimentados aprendieron a mantener avanzando a sus empresas. En el pasado, cuando terminaban las recesiones, los agentes de marketing retornaban a sus planes "positivamente orientados" seguros de que, habiendo pasado indemnes la recesión, tenían al menos unos buenos seis o siete años antes de la próxima. Eso ya no sucede.

Los planes de marketing en la era de la turbulencia tienen que aumentar significativamente y mostrar capacidad de resistencia y recuperación. Uno de los mayores retos para los agentes de marketing será mantener a raya a los lobos reducidores de costos para mantener, al menos sus presupuestos de antes de la recesión y, todavía mejor, verlos incrementados. La presión sobre los agentes de marketing para que justifiquen sus gastos puede probablemente llegar a niveles nunca antes experimentados.

Los agentes de marketing deben estar conscientes de la creciente probabilidad de deflación, por dos razones. Primera, no hay necesidad de verse limitados por compromisos de largo plazo en cuanto a tiempo y espacio de publicidad, debido a que las tasas de anuncios están entre las primeras cosas que se descuentan cuando los tiempos se ponen difíciles. Añada deflación a la combinación y las tasas de relación entre medios y publicidad probablemente bajarán bastante. Segunda, las estrategias de marketing tendrán que ser refinadas para atraer clientes cada vez más renuentes, que no tendrán prisa en comprar sus productos (o los de ningún otro) este mes, sabiendo que el mes entrante los precios habrán bajado.

Las señales de turbulencia se ven por todas partes y no desaparecerán pronto. De hecho, los agentes de marketing tienen que adoptar una nueva actitud mental que les permita estar siempre listos a poner en marcha programas automáticos de respuesta cuando la turbulencia se agita y reina el caos. Al hacerlo, tienen que mantener presentes los ocho factores siguientes, pues son los que determinan sus estrategias de marketing caótico:

1. *Asegure su cuota de mercado de segmentos clave de clientela.* Este no es el momento de mostrar mucha codicia, de modo que esté seguro de que su primera prioridad sea asegurar firmemente los segmentos clave de su clientela, y esté preparado para repeler ataques de competidores que traten de llevarse sus clientes más leales y lucrativos.

2. *Puje decisivamente por mayor cuota de mercado frente a competidores que estén igualando sus segmentos esenciales de clientela.* Todas las compañías pelean por cuota de mercado y, en tiempos turbulentos y caóticos, muchas se han debilitado. La brusca reducción de

presupuestos de marketing y de gastos para viajes de ventas es una señal segura de que un competidor está retorciéndose bajo presión. Puje decisivamente para aumentar sus segmentos de clientes esenciales a expensas de sus competidores débiles.

3. *Averigüe más sobre sus clientes ahora, porque sus necesidades y apetencias están cambiando rápidamente.* Todo el mundo está bajo presión durante épocas de turbulencia y caos, lo cual significa que los hábitos de sus clientes estarán cambiando — incluso los de esos clientes de sus segmentos esenciales que usted cree conocer bien. Mantenga el contacto con ellos. Investíguelos más ahora que antes. Usted no quiere encontrarse dependiendo de viejos y queridos mensajes de marketing que ya no producen ningún efecto.

4. *Procure incrementar —o al menos mantener— su presupuesto de marketing.* Con el mercado azotado por la turbulencia y sus clientes envueltos en ella (y buscados decisivamente por sus competidores), este es el peor momento para pensar en reducir en su presupuesto esa parte que apunta a los segmentos de clientela esencial. De hecho, usted tiene que aumentar ese presupuesto o sacar dinero de esas incursiones que estaba planeando en busca de segmentos totalmente nuevos de clientela. Es el momento de asegurar el frente interno.

5. *Concéntrese en todo lo que es seguro y ponga énfasis en los valores esenciales.* Cuando la turbulencia está asustando a todo el mundo en el mercado, hay una huida masiva de casi todos los clientes hacia lo seguro. Ahora es cuando ellos necesitan sentir la confianza y seguridad de su compañía y de sus productos y servicios. Haga todo lo posible para manifestar que hacer negocios con usted sigue siendo seguro. Véndales a los clientes productos y servicios que sigan haciéndolos sentir seguros — y gaste lo que sea necesario para hacerlo.

6. *Abandone pronto programas que no le estén funcionando.* Sus presupuestos de marketing estarán siempre bajo escrutinio, en épocas buenas y en épocas malas. Suprima todo programa ineficaz que vea, antes de que otra persona se lo advierta. Si usted no está vigilando su gasto, tenga la seguridad de que alguien más si lo está, incluyendo aquellos de sus pares cuyos presupuestos no se salvaron de la poda.

7. *No descuente en sus mejores marcas.* Todo el mundo le dice que no haga descuentos en sus marcas más establecidas y exitosas, y por una buena razón. Cuando usted las descuenta, le dice instantáneamente dos cosas al mercado: que sus precios eran demasiado altos antes de que usted los rebajara, y que no valdrán ese precio en el futuro, cuando desaparezcan los descuentos. Si usted quiere atender necesidades y deseos de clientes más frugales, entonces produzca una oferta distinta de producto o servicio, bajo una nueva marca, con precios más bajos. Esto les da a los clientes que tanto se cuidan en cuanto a precios la posibilidad de seguir fieles a usted, sin por eso alejar a los que todavía están dispuestos a pagar por sus marcas más caras. Cuando la turbulencia pase, y usted pueda ver cielos más tranquilos hacia el futuro, podría pensar en descontinuar la nueva línea de productos baratos — o tal vez no. Recuerde que es mejor que sea usted el que canibalice sus productos y no que lo hagan sus competidores; al menos usted conserva la posibilidad de venderlos más caros a sus clientes — si todavía son sus clientes.

8. *Salve lo fuerte, pierda lo débil.* En mercados turbulentos usted tiene que fortalecer, aun más, sus marcas y productos más fuertes. No hay dinero ni tiempo que perder en marcas marginales o productos muy frágiles que no estén respaldados por fuertes proposiciones de valor y una sólida base de clientes. Empareje la

necesidad de atender a la seguridad y el valor para reforzar marcas que ya son fuertes y las ofertas de productos o servicios fuertes. Recuerde: sus marcas nunca serán lo bastante fuertes, especialmente contra las fuertes olas de una economía turbulenta.

Cuando los ejecutivos de marketing ven que a la economía o a sus industrias les aguarda un período difícil que, en el nuevo entorno, puede durar con frecuencia varios meses o incluso años cada vez, pueden ahora orientarse sirviéndose de una concisa lista de verificación de comportamientos estratégicos, elaborada solo para marketing. Como se muestra en la figura 5-1, las medidas que hay que tomar son Reducir/Demorar, Subcontratar e Incrementar/Acelerar.

Asuntos operativos que enfrenta el departamento de marketing

A la cabeza del departamento de marketing está generalmente un director, un vicepresidente o un jefe de marketing. Cuando, debido a una contracción, se le ordena reducir el presupuesto de marketing, puede alegar inicialmente que necesitan el presupuesto actual si han de mantener altas las ventas. Si reducen el presupuesto, dice, las ventas caerán aun más rápido. Pero sobre él recae la carga de convencer a los directores ejecutivo y financiero de que los gastos de marketing planeados son necesarios para preservar las ventas o, al menos, para demorar su disminución. Sin embargo, probablemente perderá la batalla.

Eso lo deja considerando cuáles actividades de marketing reducir entre todas las que existen.

REDUCIR/DEMORAR	SUBCONTRATAR	INCREMENTAR/ACELERAR
■ Programas de marketing que no estén funcionando.	■ Servicios de apoyo de marketing.	■ Presupuestos de marketing, en general.
■ Programas de publicidad que no estén funcionando.	■ Servicios de apoyo a promociones.	■ Presupuesto para investigación de mercado.
■ Productos o servicios débiles.		■ Presupuesto para investigación de precios.
■ Introducción de nuevos productos y servicios no esenciales, a menos que sean altamente innovadores.		■ Presupuesto para publicidad.
		■ Presupuesto para promociones.
		■ Enfoque en los segmentos esenciales.
		■ Ganancias en cuota de mercado de segmentos esenciales.
■ Planes de hacer descuentos en marcas esenciales.		■ Desarrollo de productos y servicios nuevos, de distinta marca, para clientes que no quieren pagar mucho.
■ Publicidad y promoción no esencial.		■ Alineación de proposiciones valor/precio.
		■ Programas de lealtad de clientela.
		■ Introducción de nuevos productos y servicios de alta innovación.
		■ Comunicaciones de marketing adaptadas a las cuentas clave.
		■ Comunicaciones de marketing a los canales socios de distribución.
		■ Comunicaciones de marketing a los accionistas e interesados.

Figura 5-1 *Lista de verificación del comportamiento estratégico de Caótica en el caso del marketing.*

INVESTIGACIÓN DE MERCADO

Es obvio que los ejecutivos de marketing quieran hacer algunas investigaciones de mercado para entender cómo están cambiando los clientes. De otro modo tendrían que depender sólo de su propia intuición y/o de las opiniones y experiencia de la gente de ventas. Sin embargo, pueden decidir cancelar unos cuantos estudios de investigación de mercado, que en tiempos normales podrían haber dado resultados útiles. Probablemente cancelarán cualquier encuesta de actitudes, de gran escala, que demandaría meses para realizarla y rendir informe. Pero no hay tiempo, estos estudios son demasiado caros, y lo que descubran puede demostrar ser menos importante durante un período turbulento que en tiempos normales.

PRODUCTOS

Este es el momento de volver a examinar toda la línea de productos. Es de esperar que toda línea de productos consista en los triunfadores de hoy y los de confianza de siempre, así como algunos tradicionales. Los artículos de venta lenta se toleran en tiempos normales, pero los tiempos no son normales. Esto puede finalmente obligar a tomar algunas decisiones difíciles sobre cuáles productos sacar de la línea, porque no prometen dar utilidades.

Muchos productos que se venden bien están en condiciones de ofrecer más funcionalidad que la que los clientes usarán. Esto es verdad en cuanto a computadores, cámaras y otros equipos. Las compañías se enorgullecen de ofrecer lo último en tecnología, pero este puede ser el momento apropiado para producir un modelo más sencillo, con una funcionalidad limitada, para atraer clientes que deseen un producto más barato: el computador que solo procesa palabras, o el teléfono móvil con el que usted solo puede hacer eso: telefonear.

INTRODUCCIONES DE NUEVOS PRODUCTOS

Toda compañía sabe que la alternativa es o innovar o estancarse. Si usted no innova, se estancará. Eso explica la fila de nuevos productos que usted ha preparado para lanzar en tiempos normales. Pero los tiempos no son normales. Algunos de los nuevos productos tienen que demorarse en aparecer. El mundo puede no necesitar un tamaño o sabor diferente de un producto en este momento. Sin embargo, puede haber algunas ideas promisorias sobre nuevos productos. Algunas pueden servir para atender la búsqueda de más valor o de precios más bajos por parte del cliente. Estos nuevos productos pueden mantenerse listos para ser lanzados, pues pueden servir justamente para resolver el problema que enfrentan sus clientes.

SERVICIO

Usualmente, las compañías ofrecen un paquete de servicios que va con los diferentes niveles de compra. Un hospital que compra una máquina de imagenología por resonancia magnética a General Electric recibe servicio de instalación, entrenamiento, mantenimiento, reparación y mejoramiento como parte del plan de compra. Una universidad puede ofrecer a sus estudiantes un plan de dormitorio, alimentación y salud, o instalaciones de estudio y recreación.

No obstante, una compañía tiene que distinguir entre servicios esenciales para la compra del producto y servicios más discrecionales. Estos últimos pueden no ofrecerse con el producto pero sí estar disponibles para adquirirlos por separado. La compañía ganará dinero en algunos de estos servicios discrecionales y perderá dinero en otros. Habrá que evaluar la rentabilidad y la necesidad de los diferentes servicios. Un área en la que posiblemente se puede ahorrar es en la de servicios innecesarios que cuestan más de lo que les sirven a los clientes.

PUBLICIDAD

Si la compañía gasta mucho en comerciales de treinta segundos por televisión, estos tendrán que ser reducidos o eliminados. Es la manera más fácil de ahorrar un montón de dinero. De todos modos, generalmente, el jefe de marketing no puede suministrar evidencia de su eficacia. Si los anuncios de la compañía no transmiten ninguna información nueva, pertinente para las situaciones de los clientes durante una recesión, deben ser cancelados. Si Coca-Cola no ha encontrado una manera de decir algo nuevo y significativo, su publicidad no sirve para nada.

El jefe de marketing también tiene que repensar los gastos de la compañía en otros medios, como periódicos, radio y vallas. Con el respectivo ejecutivo de cuenta de la agencia de publicidad, tiene que reexaminar las relativas fortalezas de la marca de la compañía en diferentes mercados geográficos. Siempre hay algunas ciudades y regiones en las que la marca de la compañía es débil comparada con la de competidores. Debe reducirse lo que se gaste en periódicos y radioemisoras en mercados flojos. El dinero queda mejor utilizado defendiendo y expandiendo la cuota de mercado de la compañía allí donde es fuerte. Estas son decisiones difíciles que no harán felices a los vendedores de los mercados flojos.

La necesidad real es pasar algunos de los fondos a los nuevos medios digitales, que son a menudo menos costosos. Por ejemplo, si la compañía ha estado enviando ofertas y catálogos por el usual correo directo, puede considerar usar correo electrónico y catálogos basados en la Red, en vez de enviar paquetes de impresos. A la compañía puede servirle montar una *webinar** que explique a los clientes cómo pueden ahorrar dinero durante la contracción. Las compañías más listas tratarán de ayudarles a sus clientes a navegar

---

* Una *webinar* es un tipo de conferencia, taller o seminario que se transmite por la Red, cuya principal característica es la interactividad que se da entre los participantes y el conferencista. *(Nota del editor.)*

por las aguas turbulentas. Pueden preparar y distribuir uno o más *podcasts* de quince minutos, que los clientes puedan bajar y que les ayuden en la compra o en la operación de productos. La compañía debe operar uno o más *blogs* que suministren información útil para los clientes. Y debe considerar formas de usar redes sociales como Facebook, para enviar mensajes de interés a clientes específicos.

FIJACIÓN DE PRECIOS

No hay duda de que las compañías se verán muy presionadas a rebajar precios, especialmente si ese es el camino que están tomando sus competidores. Casi siempre es mejor no rebajar precios sino más bien ofrecer algunos beneficios adicionales, tales como pagar por el embarque y despacho de la mercancía u ofrecer una garantía más larga para el producto. Pero estas tácticas pueden no funcionar, lo cual deja dos posibilidades en cuanto a rebajar precios. Una es presentar algunas versiones más sencillas de las ofertas de la compañía a un menor precio (por ejemplo, una impresora puede implicar un año de servicio gratuito de reparación). También la compañía puede ofrecer el producto por menos, pero sólo con un período de treinta días de reparaciones gratis. El otro enfoque es el de ofrecer un precio de promoción, un descuento o un reembolso en los productos actuales. Sabemos que las tiendas por departamentos salen de la mercancía acumulada ofreciendo una serie de descuentos, cada vez más grandes. Los vendedores de automóviles anuncian ventas o reembolsos cuando quieren activar sus ventas. Aunque las rebajas de precio generalmente funcionan, el problema está en que pueden perjudicar la imagen de la marca. Si los productos de una compañía están rebajados durante un 30% o más de un determinado período, la gente puede empezar a pensar que el precio original era excesivo, sin tener en cuenta la calidad de la marca.

MÁRGENES

Cuando se trata de equilibrar el volumen de ventas y los márgenes de utilidad en mercados turbulentos, se requiere un agente de marketing experto que sepa navegar en aguas bravas. Aquí damos tres recomendaciones importantes para mantener sus márgenes a salvo mientras puja por una cuota de mercado más honda:

• *Los ajustes de precio y de proposición de valor deben adaptarse a las cambiantes necesidades de los clientes.* Los tiempos turbulentos siempre disparan cambios en las necesidades y deseos de los clientes, y en las proposiciones de valor que atraen a la mayoría de ellos cuando no se sienten seguros en cuanto a su situación — incluso con sus proveedores de más vieja data. Durante épocas de caos y extrema turbulencia, esos cambios en las preferencias de los clientes pueden ocurrir más rápidamente. En entornos difíciles como esos, las mejores compañías mantienen una estrecha vigilancia sobre la cambiante economía de sus clientes. Cuando ven que se van presentando cambios de preferencia y de modelos, reaccionan prontamente y reconfiguran sus precios y sus proposiciones de valor para enfrentar esos cambios.

• *Mantenerse alerta a súbitos cambios en estructuras de precios.* Cuando sobrevienen tiempos difíciles, también lo hace la desesperación en muchos de sus clientes y de sus competidores. Cuando la desesperación aumenta lo bastante, puede manifestarse en cambios súbitos en políticas de precios y/o en preferencias en la fijación de los mismos — lo que generalmente lleva a precios rebajados y descuentos. Esto crea un entorno ideal para que los proveedores incautos se vean atrapados en un estrecho apretón de márgenes. Las compañías tienen que estar cada vez más alerta a monitorear políticas de precios que reduzcan ingresos (por ejemplo, descuentos por volumen, reembolsos y descuentos por pago en efectivo), lo mismo que esas políticas que incrementen los costos por servicio (por ejemplo, embarque y transporte, apoyos técnicos o para el cliente). Las compañías deben revisar con más frecuencia sus márgenes con base en el cliente para mantener unos márgenes respetables en cada cliente potencial. Sin una mejor atención y una actuación más pronta, la erosión de los márgenes en cualquier punto de venta y ciclo de cumplimiento puede erosionar rápidamente las utilidades durante tiempos turbulentos.

• *Actualizar continuamente los datos de sensibilidad de precios.* Cuando quiera que haya amplias variaciones en los precios de la materia prima, los artículos básicos o la energía, hay un impacto directo en el precio de casi todos los bienes y servicios subsiguientes. Tales incrementos sustanciales de precio vuelven más sensibles a clientes y consumidores. Para fijar correctamente los precios durante tiempos turbulentos, se debe dedicar más tiempo y esfuerzo a investigar continuamente la sensibilidad en cuanto a precios, a verificar precios en el mercado, con escenarios de pronta respuesta ya armados para poder encarrilar otra vez los precios y mantenerse al tanto de los cambios en el mercado.

DISTRIBUCIÓN

Muchas compañías operan a través de intermediarios que reciben y venden el producto de la compañía a sus propios clientes. Estos intermediarios son mayoristas, comisionistas, agentes, minoristas, representantes de fabricantes, etc. Las compañías deben escoger estos intermediarios cuidadosamente y auditar sus resultados. Generalmente, algunos de esos intermediarios se desempeñan sumamente bien, pero al otro extremo están unos que a duras penas cubren los costos de utilizarlos. En tiempos normales, se despide a estos intermediarios menos eficaces, pero una contracción económica no parece un buen momento para dejar de utilizarlos y perder así todavía más ventas.

Lo que realmente debe hacerse es ponerse a ayudar y a motivar esas terceras partes para empujar los productos de la compañía. La fuerza de ventas tiene que mostrarles cuán lucrativo es, para ellos, representar los productos de la compañía e incluso darles más espacio para exhibir la mercancía. Por ejemplo, el departamento de marketing podría preparar más exhibiciones, promociones e incentivos que los representantes de ventas puedan usar para generar más entusiasmo y un mayor empujón por parte de esos intermediarios.

Asuntos operativos que enfrenta el departamento de ventas

Es bastante difícil hacer negocios en forma común y corriente cuando las noticias económicas son todo menos comunes y corrientes. Con la amenaza de tiempos económicos peores, los nuevos prospectos prácticamente han desaparecido, los clientes actuales están apretando sus presupuestos para los meses venideros y la mayoría de las "frutas más alcanzables" han sido ya recogidas, empacadas y comidas. Las condiciones económicas han cambiado definitivamente de modo qué ¿donde deja todo eso a su organización de ventas?

La tendencia natural de la gente de ventas —y quizá también la de ciertos directivos— es la de asustarse. Cuando el balance parece estar en peligro, las compañías tratan de reducir personal y recortar gastos. Entretanto, los altos ejecutivos están buscando maneras de aumentar los ingresos, lo que generalmente significa aplicar presión sobre la organización de ventas para que produzca más ventas.

En vez de desanimarse, los ejecutivos de ventas deben empezar a buscar las oportunidades ocultas que haya durante los tiempos económicos difíciles y comunicar a sus equipos de vendedores esas oportunidades recién encontradas.

Primero, encuentre los puntos fuertes y débiles en su equipo de vendedores, lo que puede convertirse en un ejercicio para fortalecer toda la operación de ventas, haciéndola aun más competitiva cuando los tiempos empiecen a mejorar.

Segundo, los tiempos económicos duros dan la oportunidad de hacer las cosas que debieron haberse hecho hace tiempo, entre ellas suspender promociones poco exitosas o dejar ir a vendedores poco productivos que ya tuvieron la oportunidad de mejorar sus ventas durante los buenos tiempos.

Tercero, las contracciones económicas crean ciertamente nuevas oportunidades de ventas debido a que están cambiando tantas cosas. Los clientes están buscando proposiciones de valor nuevas y más apropiadas, en consonancia con los nuevos tiempos difíciles. Y eso no quiere decir descuentos en los precios. Ellos tienen que hacer más con menos, y la gente de ventas tiene que ayudarles. Marketing y ventas deben estrechar sus comunicaciones entre sí para determinar las nuevas proposiciones de valor que necesitan los clientes.

Aumentar la presión sobre la fuerza de ventas no se traduce necesariamente en mayores ingresos. Los gerentes de ventas pueden ayudar a sus fuerzas de ventas a traer unos pocos negocios de corto plazo pero, al fin y al cabo, los clientes no responden bien cuando se ven presionados a comprar. He aquí, entonces, seis pasos clave que deben dar los ejecutivos de ventas cuando la economía va mal para poder mejorar las tan necesarias ventas.

1. *Pensar en el toque personal.* Durante los tiempos malos hay que volver a las estrategias básicas de ventas. Los vendedores tienen que estar en un contacto todavía más estrecho con sus clientes, y eso quiere decir verlos cara a cara. Por

tentador que sea reducir los gastos de viaje, en tiempos difíciles se puede tener poco éxito si se usa el teléfono o el correo electrónico.

2. *Armar un espíritu de cuerpo.* Para mantener alta la moral, mantenga abiertos los canales de comunicación. Los ejecutivos de ventas deben comprender lo que está ocurriendo con sus grupos, de modo que tienen que abrir comunicación de doble vía con los gerentes de ventas y con los vendedores. Los altos ejecutivos de ventas tienen que entender a su gente y su gente debe entenderlos a ellos. Comuníquese más personalmente con ellos. Escuche sus problemas y conviértalos en oportunidades para motivarlos.

3. *No ceder a la presión para entrar en tratos.* El problema de generar descuentos para seguir funcionando aunque con una utilidad más pequeña es que cuando vuelven los buenos tiempos será difícil volver a poner los precios al nivel que deben estar. Y lo que es más importante, se envían señales equivocadas a sus vendedores y se les confunde. Una vez que los ejecutivos de ventas abren la puerta y permiten a sus vendedores hacer descuentos, los equipos de ventas se resistirán a ver esa puerta cerrada otra vez.

4. *Encontrar nuevas maneras de motivar a los equipos de ventas.* Mantener alta la moral demanda un esfuerzo constante, que vale la pena. Algo tan simple como una charla motivadora de veinte minutos con los equipos de vendedores puede marcar una gran diferencia, al mejorar la moral y los resultados de ventas. Se puede organizar también una serie de concursos estimulantes que permitan a los vendedores competir individualmente y en grupo.

5. *Mantenga altas las expectativas pero no imposibles de alcanzar.* Los ejecutivos de ventas deben cuidarse de no poner las

expectativas demasiado altas, o demasiado bajas, pero al tratar de evitar exigir lo imposible, pueden en realidad desmotivar a su gente si bajan demasiado las expectativas.

6. *Proteger los salarios básicos de los equipos de ventas.* No hay que cambiar los salarios base cuando los tiempos se ponen difíciles, sino protegerlos. Y hay que ser razonable en cuanto a metas, objetivos y cuotas de los gerentes de ventas y de sus equipos de trabajo. Hay que ponerlos en línea con las condiciones del mercado en una forma más realista y con un mayor conocimiento de las realidades específicas de los segmentos de clientes y las cuentas.

La fuerza de ventas es a menudo uno de los mayores costos, especialmente en compañías que hacen negocios con otras compañías y en las que los productos que se venden son complejos, como equipo pesado. A menudo, las compañías establecen elementos de pago variables en el esquema de remuneraciones, tales como comisiones, incentivos y bonos, que en algunos casos pueden llegar a constituir un 50 e incluso un 70% de la paga recibida. Esta política protege a la compañía contra eventualidades de un mercado a la baja, debido a que la fuerza de ventas asume parte del riesgo, pero en las compañías en las que la mayor parte de la remuneración para los vendedores es fija, se da una mayor urgencia por introducir reducciones de personal. En toda fuerza de ventas hay una desproporción entre el desempeño de los mejores vendedores y los peores. Los peores son tolerados durante períodos normales o prósperos, debido a que su nivel de ventas, aunque inferior al normal, de todos modos añade alguna utilidad neta. Pero en tiempos turbulentos, como la remuneración es un costo fijo para la compañía, las reducciones de personal se justifican más.

La compañía tiene que considerar un mayor número de asuntos relacionados con el papel desempeñado por la fuerza de ventas y sus objetivos. He aquí algunas de las muchas preguntas que surgen cuando se trata de rediseñar la actividad de la fuerza de ventas para que sea lucrativa y productiva durante un período de contracción.

- ¿Debería la compañía cerrar algunos territorios de ventas, locales y en el extranjero, en lugares en los que las ventas actuales y futuras son muy marginales?
- ¿Deberían asignarse gerentes de ventas a manejar un mayor número de vendedores que el normal, como una forma de repartir los costos de la gerencia de ventas, ojalá sin rebajar la calidad y el control de esa gerencia?
- ¿Deberían permanecer al mismo nivel o reducirse las metas de ventas para reconocer la contracción y permitir que los vendedores vean como razonables las metas y la paga por el desempeño?
- ¿Deberían abandonarse programas de entrenamiento para ahorrar dinero, o incrementarlos para dar a los vendedores nuevas ideas y herramientas para vender a clientes reacios?

Los ejecutivos de ventas a quienes se pregunte qué pueden hacer sus grupos para ayudarles a sus firmas a aumentar las ventas, pueden ahora servirse de una lista de verificación de comportamientos estratégicos, desarrollada expresamente para sus departamentos. Esta lista de verificación, que se muestra en la figura 5-2, esboza las medidas a tomar.

REDUCIR/DEMORAR	SUBCONTRATAR	INCREMENTAR/ACELERAR
■ Aumentos de personal.	■ Ventas a cuentas no esenciales y pequeñas.	■ Conocimiento de todos los socios de canales de distribución clave y de los acuerdos con ellos.
■ Exhibiciones comerciales y otras actividades que no estén relacionadas directamente con una venta.	■ Fuentes de generación de ventas.	■ Desarrollo de nuevos canales.
	■ Servicio al cliente de cuentas no esenciales.	■ Inteligencia competitiva.
■ Compensaciones fijas.	■ Pedidos de reparaciones o servicio.	■ Promociones de lealtad de la clientela.
	■ Respaldo de garantías.	■ Alianzas estratégicas con firmas que venden en el mismo mercado objetivo.
	■ Actividades de desarrollo de negocios no esenciales.	■ Ventas cruzadas, vender más caro.
		■ Precisión de pronósticos de ventas.
		■ Contactos con los clientes (reuniones, comunicaciones).
		■ Contactos y comunicaciones con los equipos de ventas.
		■ Destrezas de ventas, destrezas de negociación, entrenamiento en destrezas relacionadas con el producto y con la venta no tradicional.

Figura 5-2 *Lista de verificación de comportamientos estratégicos de Caótica en el caso de las ventas.*

Conclusión

Hemos mostrado que los tiempos turbulentos demandan muchos cambios —tanto estratégicos como tácticos— en los esfuerzos de marketing de una compañía. Lo peor es implantar simplemente un recorte transversal y general del presupuesto de marketing. El jefe de marketing puede tratar de defender la conservación del presupuesto existente, en primer lugar como la mejor manera de empujar las ventas, pero puede no ser capaz de convencer al director ejecutivo o al financiero. De hecho, estos probablemente exigirán recortes en el presupuesto de publicidad, especialmente en cuanto a los altos gastos que ocasionan los comerciales de televisión de treinta segundos.

Desde un punto de vista estratégico, las compañías deben permanecer concentradas en satisfacer su clientela objetivo, prestando especial atención a sus mejores clientes. En muchas empresas, un pequeño porcentaje de clientes representa un porcentaje desproporcionado de ventas.

Las compañías no deben empezar a hacer reducciones de costos mientras no se den cuenta muy bien de lo que está ocurriendo con sus clientes, competidores, agentes y proveedores. ¿Qué problemas enfrentan los clientes? ¿Cómo puede ayudar a resolverlos la compañía? ¿Qué están haciendo los competidores? ¿Qué oportunidades se están presentando mientras tanto? ¿Cuánto riesgo quiere asumir la compañía? Cada compañía debe actuar en la forma que mejor prometa preservar sus clientes, la fortaleza de su marca y sus objetivos de largo plazo.

Hemos revisado las principales actividades de marketing que podían exigir una revisión y posibles reducciones de costos, tales como investigación de mercado, combinación de producto, servicios, publicidad, fijación de precios y distribución. Todas esas actividades interactúan, y por tanto cualquier reducción en un área probablemente repercuta en otras. Evidentemente, la compañía tiene que desarrollar una visión de cuáles respuestas estratégicas y tácticas están disponibles durante una contracción — y especialmente durante una que se alargue. Y finalmente, la compañía debe adquirir un sentido de los posibles escenarios y calcular un punto de vista de respuestas adecuadas para abordar cada escenario.

CAPÍTULO SEIS

Prosperar en la era de la turbulencia

Alcanzar sostenibilidad de la empresa

Tan pronto como haya obtenido el beneficio de la defensa,
un defensor debe procurar siempre pasar al ataque.
— Carl Philip Gottfried von Clausewitz, en De la Guerra[1]

LOS NEGOCIOS NO son la guerra, al revés de lo que se convirtió en un popular tema de negocios y un género de libros en los años 90. En el mundo empresarial de hoy, un competidor puede ser también uno de sus clientes, proveedores, distribuidores o inversionistas. Una entidad puede desempeñar muchos papeles, de modo que destruir un competidor puede significar hacerse daño a uno mismo.

Puede parecer extraño que empecemos a discutir *la sostenibilidad de la empresa* con una cita de uno de los más brillantes estrategas militares de la historia, Carl von Clausewitz, el gran soldado e intelectual prusiano de principios del siglo XIX. Lo hacemos, no para suministrar estrategias y tácticas militares específicas para aplicar en el mundo turbulento de hoy sino para plantear tres principios que subyacen a la ejecución de la estrategia en medio del caos, tanto en los negocios como en el campo de batalla: (1) reinan la desorientación y la confusión; (2) la comunicación es imperativa; y (3) alcanzar el objetivo final guía y orienta todas las acciones. Son estos tres principios los que guiarán nuestra discusión en este capítulo final de *Caótica*. Nuestro objetivo final es entregar una guía para que los líderes empresariales puedan crear empresas que duren y prosperen a pesar de la turbulencia y el caos que puedan encontrar.

En conversaciones con altos líderes empresariales respecto a cómo operar lucrativamente en períodos de alta incertidumbre y turbulencia, estas tres cuestiones parecen ser las más importantes para ellos:

- En un entorno en el que los costos de materias primas y otros costos clave para las empresas suben súbitamente un 25, un 50, un 100% o más (o se hunden en los mismos porcentajes), en solo cuestión de meses, ¿cómo podemos reaccionar más pronto, a sabiendas de que se necesitan al menos tres meses para lograr que incluso pequeños ajustes impulsen la estrategia a través de la organización?
- En un entorno en el que las empresas tienen cada vez menos control en la superación de perturbaciones impredecibles y dramáticas, cuando apenas hemos atravesado una tempestad y otra se avecina, ¿cómo logramos un control más firme del timón para llevar a la organización a aguas más calmadas?
- En un entorno en el que cuanto más exitosos nos volvemos, más grandes se vuelven también nuestras compañías (lo cual crea problemas incluso más grandes, a medida que reaccionamos frente a la turbulencia que nos rodea),

¿cómo superamos la paradoja de que tal crecimiento retarde sistemáticamente el tiempo de reacción de nuestras organizaciones?

Un ejecutivo empresarial resumía estas tres preguntas en una sola afirmación: "Tenemos unos costos que suben dramáticamente —y también otros que bajan casi en la misma forma— dentro de ciclos de tiempo increíblemente cortos. Esto demanda un tiempo de reacción más rápido del que muchas empresas pueden manejar. Es como pedirme que gire noventa grados en un instante, lo cual es posible si se está piloteando un avión a reacción sobre incluso las aguas más turbulentas, pero no cuando se timonea, incluso en el mar más calmado, un enorme barco de carga, que es precisamente a lo que se parece encabezar una organización global avaluada en muchos miles de millones de dólares".

Para responder a esas tres preguntas, tenemos que fusionar las nuevas percepciones presentadas en los capítulos precedentes, con ciertas medidas pragmáticas que pueden tomar los ejecutivos empresariales. He aquí tres acciones específicas:

1. Hacer la planeación estratégica más dinámica, interactiva y comprimida en ciclos temporales más cortos — secuenciados en intervalos de tres meses, en vez de revisarla y ajustarla una vez al año. En esos ciclos más cortos pueden reajustarse, según sea necesario, las competencias, autoridades, responsabilidades y mediciones de desempeño.

2. Facilitar la toma de decisiones a través de funciones, a niveles clave, para impulsar mejores y más rápidas decisiones. Quienes sean claves en la toma de decisiones deben estar en estrecho contacto y conectados mediante canales interactivos de comunicación más frecuentes y rápidos. En el proceso de discusión y toma de decisiones deben

incluirse más representantes de los accionistas y otros interesados.

3. Dividir las organizaciones grandes en grupos y subgrupos más pequeños y planos para facilitar y alcanzar tiempos de reacción más rápidos. Las competencias, autoridades y responsabilidades deben llevarse al nivel más bajo posible. Deben mejorarse las destrezas de todo tipo para mejorar la calidad de las decisiones. Los grupos más pequeños deben poder alcanzar otros grupos importantes globalmente.

Sostenibilidad de la empresa

La sostenibilidad de la empresa se enfoca, esencialmente, en *todos* los asuntos relacionados con la prolongación de la vida de la compañía tanto como sea posible. Es el reconocimiento de los factores sociales, económicos, medioambientales y éticos que afectan directamente la estrategia empresarial. Entre estos factores están la manera como las compañías atraen y conservan empleados, y como manejan los riesgos y crean oportunidades a partir del cambio climático, la cultura de la compañía, los estándares de gobierno corporativo, las estrategias de compromiso de los accionistas y los interesados, la reputación filantrópica y la gerencia de marca. Hoy en día, esos factores son especialmente importantes en vista de lo mucho que la sociedad espera de la responsabilidad corporativa.[2]

La sostenibilidad de la empresa apunta a una estrategia integral para maximizar el valor subyacente de las compañías en el prolongado largo plazo, mientras optimiza el desempeño y el valor de la compañía en el corto y mediano plazos — sin comprometer nunca el valor a largo plazo. Implica diversos componentes en su núcleo, entre ellos una estrategia empresarial receptiva, robusta y capaz de recuperarse. Para esa estrategia son decisivas la preservación de activos, el continuo reabastecimiento de productos y servicios innovadores, y una reputación favorable entre los clientes, empleados, distribuidores y proveedores, y frente a los gobiernos y otros interesados que invierten en la empresa.

Con demasiada frecuencia, los líderes empresariales confunden alto crecimiento con alto desempeño. Pueden asumir riesgos imprudentes para sus empresas si tratan de maximizar rentabilidad a corto o mediano plazo, en tanto que arriesgan a largo plazo la viabilidad de la compañía. Pueden destruir valor de largo plazo a través de planes de crecimiento demasiado ambiciosos, que a veces incluyen adquisiciones imprudentes y costosas para incrementar a corto plazo el valor para el accionista.

Es cierto que el crecimiento es importante para la sostenibilidad de cualquier negocio, pero la sostenibilidad de largo plazo debería invalidar cualesquiera ambiciones a corto e incluso a mediano plazo — especialmente en entornos turbulentos e impredecibles, donde el caos, si no se le maneja bien, podría causar irreparables daños e incluso hundir permanentemente la empresa.

Aquí describiremos algunas de las características de aquellas compañías que han alcanzado la sostenibilidad de la empresa en el largo plazo. Empezaremos con la forma en que tales compañías "ven" su horizonte de planeación, y qué comprende esa planeación.

DOBLE VISIÓN

Hemos examinado la forma como las compañías sobreviven y prosperan en un mundo global, caracterizado por un acelerado ritmo de cambio y creciente turbulencia. Hemos tratado de mostrar cómo las compañías que operan primordialmente buscando que les vaya bien en el corto plazo, probablemente incurren en problemas a largo plazo. Por ejemplo, demandar un recorte transversal de presupuesto ahorra dinero en el corto plazo pero probablemente debilita la posición de la compañía en el largo plazo. ¿Por qué? Porque se detienen proyectos, se reduce o cancela la investigación de mercado, se reduce severamente la publicidad (que es lo que le permite a una compañía causar una impresión) y se prescinde de algunos empleados talentosos. GM y Ford, por ejemplo, introdujeron pagos sin cuota inicial y descuentos para empleados con el fin de estimular la demanda. Eso funcionó. Las ventas subieron en un 40%. Tres meses después se hundieron. Lo que hicieron esas compañías fue tomar prestado del futuro.

Nosotros alegaremos que las compañías tienen que operar con un ojo puesto en el corto plazo y el otro enfocado en el largo. A eso lo llamamos gestionar con visión doble. Lo que hace falta es equilibrar ambas visiones, lo mismo en períodos normales que en turbulentos.

Planear para hoy
- Definir claramente el negocio.
- Acondicionar la empresa a la satisfacción de las necesidades de los clientes de hoy.
- Mejorar la alineación entre actividades funcionales y definición empresarial.
- Reflejar actividades empresariales actuales.
- Optimizar operaciones actuales para alcanzar la excelencia.

Planear para mañana
- Redefinir la empresa.
- Reformar la empresa para competir por clientes y mercados futuros.

- Tomar medidas audaces, distintas de como se negocia usualmente.
- Reorganizar para enfrentar futuros desafíos empresariales.
- Gestionar el cambio para crear operaciones y procesos futuros.[3]

Un enfoque en *el hoy* condiciona la empresa para satisfacer las necesidades de los clientes de hoy — y lo hace con excelencia y autenticidad. Busca maximizar la eficacia de la empresa en las actividades funcionales que reflejan actuales oportunidades de negocio.

Un enfoque en *el mañana* proyecta una reestructuración de la empresa para competir más eficazmente en el futuro. A menudo, esto demanda actuaciones audaces muy distintas de las actuales, para reorganizarse y reestructurarse con vista a futuros desafíos.

Los líderes empresariales que comprenden la doble visión también se dan cuenta de que al hacer negocios en la era de la turbulencia, uno de los retos más tremendos es planear y gestionar el modelo actual, mientras se sortea el caos, y simultáneamente prever el futuro, forjar los planes para mañana y gestionar los procesos de cambio que lleven a cabo esa visión.

PLANEACIÓN TRIPLE

También sostenemos que las compañías tienen que funcionar en tres niveles de planeación: corto plazo, plazo intermedio (tres a cinco años) y largo plazo. El profesor Vijay Govindarajan, de Darmouth[4], dice que en tiempos normales toda compañía debería proteger sus proyectos e iniciativas en tres cajas: corto plazo, medio plazo y largo plazo.

Corto plazo

La caja de corto plazo tiene que ver con *manejar el presente*. Debe incluir proyectos relacionados con mejorar los negocios que constituyen el núcleo de la empresa. La mayoría de esos proyectos tienen que ver con llenar *la brecha de desempeño* en los negocios esenciales. Puede consistir en esforzarse por alcanzar un desempeño Six Sigma o en adecuar el tamaño o en copiar las mejores prácticas de los competidores. La mayoría de estos proyectos son operativos y apuntan a obtener más eficiencia.

Mediano plazo

La caja de mediano plazo tiene que ver con *olvidar selectivamente el pasado*. Debe incluir proyectos dirigidos a penetrar espacios adyacentes a los de los negocios centrales. Estos proyectos no se relacionan tanto con mejoramiento de desempeño como con llenar la *brecha de oportunidad*. La compañía tiene que aprovechar cambios discontinuos y no lineales, tales como Internet, nuevos medios, el facultamiento de los clientes y la aparición de países emergentes como China e India.

Largo plazo

La caja de largo plazo es *un espacio totalmente nuevo*. Debe incluir conceptos sobre el futuro —digamos que para el año 2020— que puedan ser posibles o no. Ejemplos: ir a la Luna, revelar el genoma humano, un automóvil que cueste 2000 dólares, un computador que cueste 100 dólares y otros que se sueñen. Los proyectos de esta clase se caracterizan por una alta proporción entre supuestos y conocimiento, pero al trabajar lentamente en ellos y aprender más, la proporción entre supuestos y conocimiento bajará con el tiempo.

En épocas normales, una compañía puede poner 50% de sus proyectos en la caja 1, 30% en la 2, y 20% en la 3. Si no tiene ningún proyecto en la caja 3, ¡no está enfrentando el reto de producir nuevas ideas!

Cuando sobreviene la turbulencia, es probable que muchas compañías cambien esas proporciones. Una *compañía asustada* funcionará solo en la caja 1, e incluso entonces puede abandonar varios proyectos de corto plazo. Una *compañía más calmada,* continuará unos pocos proyectos de su caja 2 (mediano plazo) y probablemente no dedicará tiempo a la caja 3 (proyectos soñados de largo plazo). Una *compañía inteligente* probablemente mantendrá proyectos en las tres cajas, aunque reduciendo su número. Lo que se trata de decir es que las compañías más calmadas e inteligentes, y especialmente las más listas, tienen la mejor oportunidad de, no sólo sobrevivir el presente, sino también asegurar un futuro largo y sólido.

Dicho esto, a una compañía le conviene gestionar en tres horizontes de planeación. Sus empleados se sentirán especialmente motivados por los sueños de la tercera caja pero también por los retos de la segunda. Y esto será verdad en cuanto a los otros interesados —proveedores, distribuidores, inversionistas— que tengan un interés y cariño especiales por este tipo de compañía.

REPUTACIÓN DE LA COMPAÑÍA

En una determinada industria, las reputaciones de los principales contendores varían grandemente. Considere la industria automovilística de los Estados Unidos. En una época, las más apreciadas compañías fabricantes de automóviles del mercado estadounidense eran General Motors, Ford y Chrysler ("los Tres Grandes"). Los estadounidenses podían comprar un automóvil de esas compañías con cierta confianza, pero tanto ellos como sus contrapartes europeas confiaban menos en fabricantes americanos o europeos recién aparecidos, y todavía menos en los nuevos fabricantes chinos, como Chery, Geely o Shangai Automotive Industry Corporation. El tamaño de la compañía tenía mucho que ver con su reputación, pero también jugaban otros factores. Las pequeñas pero ambiciosas compañías chinas no son bien conocidas en los Estados Unidos, Europa u otras partes del mundo fuera de China, pero pueden algún día llegar a ser tan conocidas como Toyota, Honda o Nissan.

"Los fabricantes chinos de automotores están todavía estableciéndose en cuanto a productos, calidad y fabricación —precisamente las cosas de que se trata cuando se maneja una compañía automovilística exitosa", dice Tim Dunne, director de inteligencia para el Asia y el Pacífico, en J. D. Power y Asociados[5]. Y tomará tiempo —mucho tiempo— antes de que los nuevos fabricantes chinos de automotores y todas las compañías que procuran llegar a ser grandes establezcan unas reputaciones sólidas.

Hoy en día, las mejores reputaciones en el mercado automotor de los Estados Unidos no las tienen los tres grandes sino más bien compañías como Toyota, Honda, Mercedes, BMW y otras pocas. Hay muchas razones para este reversazo en reputación. En primer lugar, las compañías que gozan hoy de buena reputación están entregando al público automóviles más confiables, con más innovaciones y mejor servicio. De hecho, hoy en día la mayoría de las personas apostarían que Toyota, Honda, y Nissan durarán mucho más que General Motors, Ford o Chrysler, a menos que estas últimas puedan mejorar, radicalmente, sus reputaciones mediante innovación y atención al cliente.

¿En qué consiste la reputación de una compañía? ¿Cuáles factores debe manejar una compañía para ser vista favorablemente por sus interesados y participantes, tanto en épocas buenas como en turbulentas?

Desde 1999, la firma Harris Interactive Inc. ha venido haciendo un estudio anual que clasifica las reputaciones de las corporaciones estadounidenses conforme a la opinión del público de ese país. En el 2008, el estudio de reputación corporativa de Harris Interactive encontró que el 71% de los estadounidenses creían que la reputación de "la América corporativa" es "pobre", pero que algunas compañías están resistiendo la tendencia, y construyendo reputaciones de marca, públicas y positivas.[6]

En el tope de la lista Harris de las sesenta compañías más visibles de los Estados Unidos y con una reputación positiva está Google, que sacó a Microsoft de ese puesto en el 2008. Microsoft conservó el primer puesto apenas durante un año, tras sacar a Johnson & Johnson, que lo había mantenido desde cuando el estudio empezó hace nueve años. Estas son las diez empresas con mejor reputación de la América corporativa en el 2008, según Harris Interactive. En orden descendente:

1. Google
2. Johnson & Johnson
3. Intel Corporation
4. General Mills
5. Kraft Foods Inc.
6. Berkshire Hathaway Inc.
7. 3M Company
8. The Coca-Cola Company
9. Honda Motor Co.
10. Microsoft Corporation

Para determinar la clasificación de las reputaciones de las compañías que evalúa cada año, Harris Interactive usa seis factores específicos que son: (1) atractivo emocional, (2) productos y servicios, (3) entorno del lugar de trabajo, (4) desempeño financiero, (5) visión y liderazgo y (6) responsabilidad social.

Aunque todos los factores son clave, algunos son, evidentemente, más importantes que otros. Nosotros sugerimos que el más importante es la percepción que tengan los clientes y accionistas y otros interesados de *los productos y servicios* de la compañía. ¿Son de alta calidad? ¿Son innovadores? ¿Proporcionan buen valor por el dinero que se paga por ellos y están respaldados por un servicio excelente? Si no se dan estos atributos, los otros factores no pueden compensar su falta. Una reputación de responsabilidad social no puede compensar la producción y entrega de malos productos y servicios. Incluso si el desempeño financiero de la compañía es bueno, no será lo bastante fuerte por mucho tiempo, si clientes insatisfechos pregonan su decepción a otros consumidores, personalmente o a través de Internet.

El segundo factor más importante es *la visión y el liderazgo.* Los accionistas y demás interesados quieren ver evidencia de una clara visión de la compañía respecto a aquello en lo que la compañía será buena y adónde va. Y si el más alto equipo directivo es bien respetado y dinámico, esto añade todavía más confianza en la firma.

El tercer factor en orden de importancia es *el entorno del lugar de trabajo,* porque muestra qué tan bien trata la compañía a sus empleados y qué tan satisfechos están estos con las oportunidades que tienen y el tratamiento que reciben. Todos los años, la revista *Fortune* clasifica los 100 mejores lugares para trabajar en los Estados Unidos[7]. Sabemos que las compañías con buena reputación de tener empleados satisfechos pueden reclutar los mejores y más productivos empleados. También sabemos que los empleados insatisfechos tienen disponible un creciente número de herramientas de Internet para pregonar la baja opinión que tengan de una compañía y del mal tratamiento que da a sus empleados.

El cuarto factor más importante es *el desempeño financiero* de la compañía en comparación con sus competidores, y las utilidades que espera tener con el tiempo en comparación con el nivel de riesgo. Un asunto adicional es si la firma muestra un crecimiento sano y rentabilidad.

El quinto factor, *el atractivo emocional,* representa la sensación que los clientes y otros interesados tienen de la compañía, si les gusta y confían en ella. Es claro que los clientes pueden tener diferentes sensaciones respecto a un conjunto de competidores con ofertas y operaciones similares. Considere el alto nivel de apego emocional que por décadas han mostrado los clientes hacia compañías tales como Harley-Davidson, LEGO, Apple, Nike y Starbucks.

El sexto factor es el de *la responsabilidad social* de la compañía. Este factor ha cobrado más importancia en los últimos años. Los clientes se sienten más atraídos por compañías que parecen interesarse por problemas sociales tales como la pobreza, el calentamiento global, la calidad del agua y del aire, y el consumo de energía. Las compañías que muestran su preocupación por la calidad de la vida tienden a gozar de una mejor reputación en igualdad de circunstancias. Esas compañías tratan a sus empleados mejor y tienen buenas relaciones con sus proveedores y distribuidores.

Nos gustaría sugerir un séptimo factor para añadir a la lista de Harris: *la innovación,* que, dentro de la organización, es tanto un proceso como una actitud mental que genera, implementa y difunde ideas y ofertas nuevas que impulsan un crecimiento de largo plazo. Sin una continua innovación, las organizaciones y sus estrategias se atrofian. Y lo mismo sus reputaciones.

Las compañías que quieren adoptar una perspectiva de largo plazo y prosperar durante un prolongado período, deben responder una serie de cinco preguntas críticas que van directamente al corazón de la sostenibilidad de la empresa:

- ¿Qué papel desempeña la reputación de la compañía entre sus accionistas e interesados en cuanto a ayudar a incrementar las oportunidades de prosperidad a largo plazo? ¿Qué debe hacer la compañía para mejorar su reputación? (Reputación de la compañía)
- ¿Cuáles pasos puede dar la compañía para mejorar el entusiasmo de los clientes por sus ofertas, en la esperanza de convertirlos en propagandistas que ayuden a dar a conocer a otros la compañía? (Apoyo de los clientes a la compañía)
- ¿Qué factores parecen estar más asociados con la longevidad de la compañía? (Duración de la compañía)
- ¿Añade años a la longevidad de la compañía la práctica activa de responsabilidad social corporativa (RSC) y sostenibilidad ecológica (SE)? (RSC y SE)
- ¿Añade años a la longevidad de la compañía la práctica activa de un comportamiento ético y auténtico? (Ética y autenticidad de la compañía)

El punto central es que las reputaciones se construyen a lo largo del tiempo. Cuando son fuertes, le sirven a la compañía para superar crisis y tener un futuro prolongado. Tales compañías deben mantener o realzar esos siete factores durante los difíciles períodos de una turbulencia. La reputación puede dañarse fácilmente y en mucho menos tiempo que el que llevó forjarla. Puede perderse de la noche a la mañana por un mal juicio, un escándalo o un desliz en calidad o integridad. Una compañía que desee vivir por mucho tiempo debe manejar esos factores —cuidadosa y diligentemente— tanto en épocas buenas como, especialmente, en épocas malas.

ENTUSIASMO Y PATROCINIO DE LOS CLIENTES

La mayoría de compañías se esfuerza en armar una base fuerte y satisfecha de clientes, que vuelven, una y otra vez, a comprar sus productos o adquirir sus servicios. Es más fácil vender más a los mismos clientes que tener que buscar nuevos. El objetivo es conseguir clientes leales y esperar que ellos no solo le compren repetidamente a su compañía sino también que les digan a otros buenas cosas sobre su compañía. Estos "clientes leales que propugnan y defienden la compañía", llamados también "evangelistas de la compañía", pueden ser muy importantes para el éxito de la misma.

Fred Reichfeld, un experto en lealtad de clientes, ha desarrollado una tabla de medición llamada *Net Promoters Score* (NPS), un instrumento para medir la propaganda y defensa que hacen los clientes de una compañía, que describe en su libro *The Ultimate Question*[8]. Reichfeld muestra cómo convertir a los clientes en propagandistas y promotores, y produce una medida clara y fácil de entender: *¿Se sentiría cómodo recomendándonos a otros?*

Ahora bien, si un cliente contesta: "Me gusta mucho su compañía y ya la he recomendado a otros", eso es un 10 en una escala de 10. "Me gusta su compañía y, aunque no la he recomendado, no tendría ningún inconveniente en hacerlo" marca 9. "Me gusta su compañía y si eso se ocurre en una conversación, diré buenas cosas sobre ella" es un 8. Y, por supuesto, si un cliente dice: "Detesto su compañía y ya he pregonado lo mala que es", eso debería marcar lo más bajo, o sea 1.

Para encontrar su *Net Promoters Score,* sustraiga el porcentaje de clientes que le dan a su compañía una marca de 1 a 6 del porcentaje de clientes que le dan entre 8 y 10. Según Reichfeld, las compañías con un alto NPS también muestran rentabilidad más alta a largo plazo.

La esencia del concepto de producir lealtad es, como lo afirma Reichfeld, "mostrarles a sus socios (accionistas e interesados como son los clientes y empleados) que la lealtad es una estrategia lógica en pro del propio interés, cuando este propio interés se define en relación con el éxito a largo plazo".

Los seis principios de Reichfeld para producir lealtad pueden resumirse así[9]:

1. Juegue siempre a suministrar ganadores, tanto para los accionistas e interesados, como para la compañía.
2. Sea selectivo en cuanto a los empleados y clientes que la compañía contrate y estimule a quedarse, de modo que se refuerce su sistema cooperativo.
3. Adhiera al enfoque de la compañía a ser leal (y a ganar lealtad en cambio). Por ejemplo, para la compañía Intuit, "ser correctos con el cliente" fue la divisa que la movió cuando su software tributario se vio invadido por virus y otras interferencias.
4. Recompense los resultados correctos.
5. Escuche, aprenda, actúe y explique (la comunicación es un diálogo, no un monólogo).
6. Empiece con aquello por lo cual la compañía quiera que se la recuerde, cuando esté decidiendo qué decir y hacer hoy, y luego predique con palabras y hechos que apoyen ese fin.

Entre los más altos campeones en la NPS de Reichfeld se incluyen Enterprise Rent-A-Car, Harley-Davidson, Cisco Systems, Dell Computers, *The New York Times* y el software Intuit para contabilidad y tributación de pequeñas empresas.

Reichfeld también referencia compañías como Southwest Airlines, en los Estados Unidos, y el líder en software de Alemania, SAP.

Hoy más que nunca necesitamos lealtad, pues Internet nos permite estar más y más distanciados de la gente con la que trabajamos. En vez de desdeñar a Internet y su frialdad digital, Reichfeld se mete al mercado electrónico y lo ve como un camino para que las compañías profundicen sus relaciones con los clientes, empleados, proveedores e inversionistas. Dice que ha descubierto que lo que realmente reina en la red es la confianza. A mayor confianza mayor lealtad. Cuando sus clientes en línea confían en su página web, comparten más información personal con usted, lo cual le permite a usted formar unas relaciones más íntimas con sus clientes, lo que a su turno le permite servirles mejor, con productos y servicios más personalizados. Reichfeld dice que esta clase de atención personal produce un círculo virtuoso en el que se va creando todavía más lealtad.[10]

Si Reichfeld está en lo cierto, la cuestión clave es cómo despertar entusiasmo en los clientes. En términos de marketing, decimos que la compañía debe hacer mucho más que simplemente satisfacer a los clientes. Tiene que *deleitarlos*. Algunas compañías tienen éxito haciéndolo —y haciéndolo bien— año tras año.

La evidencia se encuentra en un nuevo estudio, publicado en un libro llamado *Forms of Endearment*[11]. Los tres autores decidieron pedirle a un gran sector de estadounidenses que nombraran una o más compañías que ellos "amaran" o "echarían mucho de menos, si quebraban o desaparecían".

He aquí las compañías que recibieron tan elogiosas menciones de un gran número de consumidores, escogidos al azar en los Estados Unidos: Amazon.com, BMW, Caterpillar, eBay, Google, Harley-Davidson, Honda, IKEA, Johnson & Johnson, New Balance, Patagonia, Southwest Airlines, Starbucks, Timberland, Toyota y UPS.

La pregunta siguiente es: ¿Hay alguna receta para convertirse en una compañía que inspire cariño? ¿Hay algunas características comunes que compartan todas esas compañías? La respuesta es sí, según los autores:

Características comunes a las firmas que la gente quiere

- Alinean los intereses de los grupos de accionistas e interesados.
- Los salarios de sus ejecutivos son relativamente modestos.
- Tienen una política de puertas abiertas, que permite acceso a la alta gerencia.
- Los beneficios y compensaciones de sus empleados son altos para su categoría, el entrenamiento de sus empleados dura más y el cambio o rotación de personal es más bajo.
- Contratan gente apasionada por los clientes.
- Consideran a los proveedores como socios que colaboran en mejorar la productividad y la calidad y a bajar los costos.
- Creen que su cultura corporativa es su mayor activo y la fuente principal de ventaja competitiva.
- Sus costos de marketing son mucho menores que los de sus pares, al tiempo que la satisfacción y retención de sus clientes son mucho más altas.

CARACTERÍSTICAS DE COMPAÑÍAS QUE HAN DURADO MUCHO TIEMPO

Otros observadores han investigado las características de las organizaciones que han tenido una larga vida.

Arie de Geus pasó treinta y ocho años, en tres continentes, como gerente de línea de Royal Dutch Shell, y terminó su carrera como director corporativo de planeación, encargado de planeación empresarial y de escenarios. Mientras estuvo en Shell, De Geus comenzó un estudio de las compañías que habían disfrutado largas vidas. Quería saber si esas compañías eran manejadas con un conjunto común de rasgos y prioridades. Cuantas más compañías examinaba, más preocupado se sentía sobre sus expectativas vitales. Escribió: "El término medio, natural, de vida de una corporación debería ser al menos de dos o tres siglos".

De Geus citaba una encuesta holandesa de expectativa de vida corporativa en Japón y Europa, que daba como resultado 12,5 años de promedio de expectativa vital para una compañía. "El promedio de expectativa vital de una corporación multinacional —una de las de la lista 500 de la revista *Fortun,* o su equivalente— está entre 40 y 50 años", escribió, anotando además que, hacia 1993, un tercio de las 500 compañías de *Fortune* había desaparecido — adquiridas, fusionadas o repartidas. Hay unas pocas excepciones, tales como Stora, que comenzó hace más de 700 años, como una mina de cobre en la Suecia central o como Sumitomo, que tuvo sus orígenes en una tienda de vaciado de cobre en Kyoto, Japón, en 1590. Pero De Geus dice que la amplia brecha entre el trecho máximo posible de vida de casi todas las compañías y el promedio actual de lo mismo representa un enorme potencial desperdiciado — que ha afectado tremendamente vidas laborales y comunidades.[12]

Sin embargo, De Geus descubrió que, además de algunas compañías con más de 500 años de edad, un cierto número había durado 200 años o más, como DuPont, fundada en 1802. Por todo, encontró treinta compañías que han durado al menos 100 años. Entre ellas están W. R .Grace (fundada en 1854), Kodak (fundada en 1888), Mitsui (en 1876) y Siemens (en 1847). De Geus publicó sus hallazgos en un libro llamado *The Living Company.* Lo que sostiene es simple: que las compañías son entidades vivas que pueden sobrevivir y prosperar durante siglos, siempre y cuando se concentren en ciertos aspectos de su carácter y operaciones. Su análisis reveló que las compañías que subieron al estatus de *living company* se reconocen por cuatro características[13]:

- Son *sensibles frente al mundo que las rodea.* Las compañías que han durado observan y experimentan lo que pasa a su alrededor, aprenden y se adaptan a ello.
- Tienen *conciencia de su identidad.* Las que duran son muy unidas y tienen un fuerte sentido de identidad, basado en la habilidad para construir una comunidad compartida.
- Son *tolerantes a las ideas nuevas.* Son pacientes, generalmente descentralizadas, con una autoridad para toma de decisiones extendida, y tolerantes de actividades "no centrales" en su periferia (lo cual puede muy bien convertirse en algo central mañana).
- Son *conservadoras en cuanto a financiamiento.* Son conservadoras con su dinero, el cual utilizan para gobernar su propio crecimiento y disponer de opciones.

De Geus también encontró que las treinta compañías de larga vida que había identificado daban alta prioridad a las siguientes prácticas:

- Valorar personas, no activos.
- Aflojar la dirección y el control.
- Organizar para aprender.
- Moldear la comunidad humana.

En épocas turbulentas, las compañías se ven tensionadas, apretadas y probadas a muchos niveles, a veces tanto que no se pueden recuperar del todo. Aunque hemos entrado en la era de la turbulencia, eso ciertamente no quiere decir que las compañías no tuvieran que aguantar mucha turbulencia en el pasado — simplemente era más episódica y coincidía con grandes sucesos perturbadores de la historia. Las compañías vivas de la lista de De Geus, todas con más de 100 años, han atravesado algunas de las más violentas turbulencias imaginables. Su habilidad para sobrevivir y surgir todavía más fuertes se vio ciertamente ayudada por los rasgos y prioridades identificados por De Geus.

RESPONSABILIDAD SOCIAL CORPORATIVA (RSC) Y SOSTENIBILIDAD ECOLÓGICA (SE)

¿Tienden a tener una vida más larga las compañías que practican RSC y SE? Hemos notado el creciente interés de las compañías en mostrar que son humanas y que les preocupan el medioambiente y los problemas sociales. Por ejemplo, American Express, Avon, Ben & Jerry's y The Body Shop se han comprometido notablemente con programas sociales. Creen estar marcando una diferencia, que sus contribuciones son apreciadas y que, en igualdad de circunstancias, eso da cierta base de preferencia con respecto a sus competidores para el consumidor. Otras han propugnado causas sociales que las vinculan todavía más con el mercado. Entre las compañías que han demostrado su compromiso con la responsabilidad social, y las causas sociales que han defendido, están[14]:

Compañía	Causa social
Aleve	*Artritis*
Avon	*Cáncer del seno*
Best Buy	*Reciclaje de electrónicos usados*
British Airways	*Niños necesitados*
General Mills	*Mejor nutrición*
General Motors	*Tránsito terrestre seguro*
Home Depot	*Hábitat para la humanidad*
Kraft Foods	*Reducción de la obesidad*
Levi Strauss	*Prevención del SIDA*
Motorola	*Reducción de desperdicios sólidos*
Pepsi-Cola	*Permanecer activos*
Shell	*Limpieza costera*
Starbucks	*Protección de selvas tropicales*

Pero en la era de la turbulencia, y especialmente en un período de contracción financiera, las compañías probablemente reconsideran esos compromisos o disminuyen su financiación. Aquí es donde esas compañías tienen que proceder con prudencia. Han alcanzado cierta imagen positiva por mostrar interés. Abandonar del todo esos compromisos podría alterar las actitudes de los clientes y otros interesados. Estarían abandonando meritorias organizaciones filantrópicas, en el momento en que estas más necesitan el dinero. Si eso aparece en la prensa, la noticia puede generar sentimientos negativos. Ciertamente, si una compañía tiene una razón válida para suspender su apoyo —habiendo visto que el dinero no se gastaba prudentemente, o que la organización filantrópica estaba mal dirigida, por ejemplo— puede tranquilamente recortar la financiación, pero si la compañía todavía siente que su financiamiento de alguna organización está teniendo buenas consecuencias, puede optar por reducir algo del financiamiento pero no retirar todo su apoyo.

COMPORTAMIENTO ÉTICO Y AUTÉNTICO

Con el tiempo, las compañías adquieren diferentes reputaciones por comportamiento ético y auténtico. La mayoría de observadores dirían que General Electric, IBM y Procter & Gamble han incrustado un comportamiento ético en el alma de sus compañías. Ellas dependen no solo del entrenamiento y la internalización sino de publicar un conjunto claro de orientaciones y reglas. Uno puede también decir que estas compañías tienen "autenticidad". Conocen sus identidades; son transparentes en sus actividades. Desean distinguirse de las que son flor de un día, impulsadas por manipuladores codiciosos, y de las que roban o engañan a sus accionistas e interesados.

Durante períodos turbulentos se tiene la tentación de eludir promesas y demorar pagos y hacer todo lo posible por "salvar el barco". El antiguo jefe de compras de General Motors, José Ignacio López de Arriortúa, fue acusado de malversación de secretos industriales cuando dejó la compañía para vincularse a Volkswagen[15]. López, apodado "Super López" por su habilidad para reducir costos en General Motors, solía llamar, en la noche, a un proveedor de repuestos y decirle: "Le estamos pagando mucho, queremos rebajar el precio que figura en su contrato en un 15%. Lo volveré a llamar en una hora para que me diga si está de acuerdo". El proveedor, en estado de choque, no tenía otro recurso que aceptar. Sin embargo, este tratamiento produjo una mala voluntad general entre los proveedores de partes de GM. De ahí en adelante, tuvieron más cautela en sus tratos con GM, y tendían a preferir a Ford o Chrysler, si tenían que repartir repuestos escasos a los tres grandes. Apretar indebidamente a los proveedores o clientes para obtener una ganancia pasajera casi siempre revierte en un daño para una compañía que procede como si todo fuera a corto plazo.

De modo que el comportamiento interno y externo de una compañía deja una herencia que afecta las futuras actitudes y comportamientos de sus accionistas e interesados respecto a ella. Con frecuencia, esto revela en la compañía falta de autenticidad, una cualidad que es cada vez más importante para los clientes.

En su libro *Authenticity: What Consumers Really Want,* James Gilmore y Joseph Pine describen esta creciente tendencia: "En nuestro mundo cada vez más impulsado por la experiencia, los consumidores ansían lo que es auténtico. Es una paradoja de *la economía de la experiencia* de hoy: Cuanto más artificioso y afectado parece el mundo, más exigimos lo que es real. A medida que la realidad es cualificada, alterada y comercializada, los consumidores responden a lo que es atractivo, personal, memorable y, sobre todo, auténtico. Si los clientes no ven su oferta como algo real, usted será calificado como falso e inauténtico y arriesgará su credibilidad, sus clientes, y finalmente, sus ventas.[16]

Pero, ¿qué es auténtico? Gilmore y Pine definen lo que significa la autenticidad para el cliente posmoderno, y cómo pueden las compañías hacer ofertas "realmente reales".

Debido al desplazamiento a lo que Gilmore y Pine llamaron "la economía de la experiencia", ya no les basta a las compañías tener productos y servicios qué vender; los consumidores y empresas de hoy quieren *experiencias* — hechos memorables que les encanten. En un mundo cada vez más lleno de sucesos deliberada y sensacionalmente escenificados y de transacciones impersonales, los consumidores y empresas basan lo que quieren comprar en qué tan real es lo que perciben en una oferta. Hoy en día, los negocios, especialmente cuando todo el mundo y todas las compañías están azotadas por la turbulencia, tienen que ver, cada vez más, con lo que es real, original, genuino, sincero y auténtico.

Conclusión

Cuando empezamos nuestra exploración de la turbulencia y el caos, nuestra declarada esperanza era que *Caótica* pudiera servirles a los líderes empresariales para suscitar una sensación más afinada de los nuevos retos que les esperan a ellos y a sus compañías, a medida que empiecen a darse cuenta de la *nueva normalidad* — turbulencia y caos acentuados.

Para enfrentar el nuevo entorno, en el primer capítulo identificamos los diversos factores que producen turbulencia y que requieren que los líderes empresariales adopten nuevos comportamientos estratégicos si han de reducir su vulnerabilidad e incrementar sus oportunidades pronto y sistemáticamente.

En el capítulo segundo, describimos las respuestas automáticas normales de los ejecutivos empresariales a los períodos de recesión y turbulencia, y cómo estas respuestas perjudican frecuentemente la viabilidad a largo plazo de la compañía. Ellos tienen que responder más rigurosamente, basándose no solo en corregir debilidades sino en detectar y aprovechar nuevas oportunidades.

En el capítulo tercero, mostramos cómo muchos ejecutivos listos y experimentados siguen sorprendiéndose por los hechos que los circundan, aunque muchos de esos hechos sean visibles para el ojo entrenado. Suministrando orientación en el desarrollo de un efectivo sistema de alarma temprana para detectar turbulencia en el entorno, y armando escenarios y estrategias todavía por ver, presentamos una manera de adquirir un nuevo y robusto músculo organizacional para manejar la turbulencia, incluyendo la acentuada turbulencia, con decisión y rapidez.

En el capítulo cuarto, describimos los nuevos comportamientos que se requieren — que han de ser *receptivos, robustos y capaces y recuperarse*. Analizamos la forma en que cada función de gerencia tiene que distinguir entre lo que puede reducir o demorar, lo que puede subcontratar y lo que tiene que incrementar o acelerar para mejorar el desempeño a corto y largo plazo.

En el capítulo quinto esbozamos la forma como las compañías pueden afinar sus herramientas de marketing y ventas, lo mismo que sus estrategias en tiempos turbulentos, cuando sienten presión para reducir presupuestos en esas áreas. En tiempos turbulentos, y con mayor razón en tiempos acentuadamente turbulentos, uno puede alegar que la compañía tiene que incrementar su músculo de marketing, no reducirlo, si ha de echar las bases de un futuro más fuerte y prolongado.

Y finalmente, en el capítulo sexto, mostramos cómo las compañías deben equilibrar consideraciones de corto y largo plazo al elaborar sus estrategias; cómo deben mantener y realzar los principales factores que afectan sus reputaciones; cómo pueden crear una empresa por la que la gente sienta lealtad y la eche de menos si llega a desaparecer; y cómo producir defensores entre los clientes es una manera segura de generar una positiva propaganda oral entre la gente, que atraerá y ganará nuevos clientes.

Si hemos alcanzado la meta que nos propusimos, *Caótica* puede darles a los líderes empresariales el sistema y las herramientas que necesitan para surcar exitosamente las inciertas aguas que seguirán confrontando todas sus empresas en esta nueva era, *la era de la turbulencia*.

AGRADECIMIENTOS

Queremos reconocer las muchas influencias sobre nuestro modo de pensar, empezando por el padre de la administración Peter Drucker y su libro *The Age of Discontinuity,* y otros notables como Jim Collins *(Empresas que sobresalen),* George Day y Paul Shoemaker *(Peripheral Vision),* Benjamin Gilad *(Early Warning),* Gary Hamel y C. K. Prahalad *(Competing for the Future),* Peter Schwartz *(Inevitable Surprises),* Peter Senge *(The Fifth Discipline) y* Hermann Simon *(Hidden Champions).*

También queremos expresar nuestro reconocimiento a Ellen Kadin y su muy paciente y dedicado equipo de AMACOM por toda su ayuda en orientar la producción de *Caótica* y por publicarlo tan oportunamente en su versión original en inglés.

Philip Kotler
John A. Caslione

NOTAS

INTRODUCCIÓN

1. Peter Drucker, *The Age of Discontinuity* (Nueva York: HarperCollins Publications, 1992).

2. Andy Grove, *Only the Paranoid Survive* (Nueva York: Current Doubleday Random House Publishers, 1999).

3. Alan Greenspan, *The Age of Turbulence: Adventures in a New World* (Nueva York: Penguin, 2007).

4. Clayton Christensen, *Business Innovation and Disruptive Technology: Harnessing the Power of Breakthrough Technology for Competitive Advantage* (Upper Saddle River, N.J: Financial Times Prentice Hall Books, 2003).

CAPÍTULO UNO

1. National Intelligence Council, *Global Trends 2025: A Transformed World* (Washington, D.C: U.S. Government Printing Office, noviembre del 2008); www.dni.gov/.

2. "India under attack", *The Economist,* 27 de noviembre del 2008; http://www.economist.com/

3. Andrew S. Grove, *Only the Paranoid Survive* (Nueva York: Currency Doubleday Random House Publishers, 1999).

4. Tom Mullin, "Turbulent times for fluids", *New Scientist,* 11 de noviembre de 1989, http://www.fortunecity.com/.

5. "Chaos theory", http://en.wikipedia.org/.

6. "Butterfly effect", Wikipedia, http://en.wikipedia.org/.

7. "Business turbulence", BNET Business Dictionary, http://dictionary.bnet.com/.

8. Patrick M. Fitzgibbons, "Bernanke offers bleak outlook", 24 de septiembre del 2008, Reuters, http://uk.reuters.com/.

9. "Financial crisis needs unprecedented responses", *GBO World* http://www.geo.tv/.

10. "Stock market suffers largest drop ever, experts say", *GreenvilleOnline.com,* 29 de septiembre del 2008, http://www.greenville.com/; Tim Paradis, "Dow Climbs More Than 900 Points", KUTV Online, 13 de octubre del 2008, http://www.kutv.com/; "Whiplash Ends a Roller Coaster Week", *The New York Times,* 10 de octubre del 2008, http:/www.nytimes.com/.

11. "Fear grips global stock markets", BBC, 10 de octubre del 2008, http://www.bbc.co.uk/.

12. "Worst financial crisis in human history: Bank boss's warning as pound suffers biggest fall for 37 years", *Daily Mail,* 25 de octubre del 2008, http://www.dailymail.co.uk/.

13. "Fear grips global markets", BBC.

14. Dan Wilchins y Jonathan Stempel, "U.S. rescues Citi with $20 billion capital", Reuters, 24 de noviembre del 2008, http://www.reuters.com/.

15. "Information Technology and Globalization", *Global Envision,* 15 de febrero del 2006; http://www.globalenvision.org/.

16. "Cloud computing", Wikipedia, http://en.wikipedia.org/.

17. "Let it rise", *The Economist,* 23 de octubre del 2008, http://www.economist.com/specialreports/displayStory.cfm?story_id=12411882; y "The long nimbus", *The Economist,* 23 de octubre del 2008, http://www.economist.com/.

18. "The long nimbus", *The Economist.*

19. "Computers without borders", *The Economist,* 23 de octubre del 2008, http://www.economist.com/.

20. "Microsoft Sharepoint", Wikipedia, http://en.wikipedia. org/.

21. *The Innovator's Dilemma: When New Technologies Cause Great Firms to Fail,* por Clayton M. Christensen, Harvard Business School Press, Cambridge, MA., 1997.

22. *The Innovator's Solution: Creating and Sustaining Successful Growth,* por Clayton M. Christensen y Michael E. Raynor, Harvard Business School Press, Cambridge, MA., 1997.

23. Joseph Schumpeter, *Capitalism, Socialism, and Democracy,* 3a. edición, (1942; reimpr. Nueva York: Harper & Row, 1950).

24. "Disruptive technology", Wikipedia, http://en.wikipedia. org/.

25. Ibíd.

26. "The blood of incumbents", *The Economist,* 28 de octubre del 2004.

27. Harold L. Vogel, "Disruptive Technologies and Disruptive Thinking", *Michigan State Law Review* 2005, No. 1, http://www. msu.edu/.

28. "The blood of incumbents", *The Economist.*

29. Fareed Zakaria, "The Rise of the Rest", *Newsweek,* 12 de mayo del 2008, http://www.newsweek.com/.

30. Ibíd.

31. "China resists contribution to IMF bailout fund", *China Economic Review,* 17 de noviembre del 2008, http://www.chinae-conomicreview.com/.

32. "The credit crunch: China moves to centre stage", *The Economist,* 30 de octubre del 2008.

33. Reuters, "*Fortune* 500 list: U.S. companies' worst show in 10 years", *The Economic Times,* 10 de julio del 2008, http://eco-nomictimes.indiatimes.com/.

34. Harold L. Sirkin, James W. Hemerling y Arindam K. Bhatta-charya, *Globality: Compita con cualquiera desde cualquier parte y por cualquier cosa* (Bogotá: Editorial Norma, 2009); reseña de la versión en inglés: http://www.washingtonpost.com/.

35. "A bigger world", *The Economist,* 18 de septiembre del 2008.

36. "Hypercompetition", Wikipedia, http://en.wikipedia.org/.

37. Richard D'Aveni, *Hypercompetition: Managing the Dynamics of Strategic Maneuvering* (Nueva York: Free Press, 2004).

38. Ibíd.

39. Ibíd.

40. Ibíd.

41. "Sovereign wealth fund", Wikipedia, http://en.wikipedia.org/.

42. "A bigger world", *The Economist.*

43. "The End of Arrogance: America Loses Its Dominant Economic Role": Spiegel Online, 30 de septiembre del 2008, http://www.spiegel.de/international/world/.

44. Alia McMullen, "U.S. faces longest recession in 20 years", *Financial Post,* 21 de octubre del 2008, http://www.financialpost.com.

45. "Sovereign Funds Become Big Speculators", *Washington Post,* 12 de agosto del 2008.

46. Reuters, "Sarkozy wants Europe sovereign fund to fight crisis", 21 de octubre del 2008.

47. "A bigger world", *The Economist.*

48. "From risk to opportunity – How global executives view sociopolitical issues: McKisney Global Survey Results", *McKinsey Quarterly,* octubre del 2008.

49. Marcel W. Brinkman, Nick Hoffman y Jeremy M. Oppenheim, "How climate change could affect corporate valuations",

McKinsey Quarterly, octubre del 2008. http://www.mckinseyquar-terly.com/.

50. Anna Kirah, "Concept making", http://www.kirahconsult.com/.

51. "Losing face: a tale of two airlines and their Facebook fiascos", *The Economist,* 6 de noviembre del 2008, http://www.economist.com/.

52. Reuters, "Global Study Reveals Customer Empowerment as Chief Driver of Online Business Through 2013", junio del 2008, http://www.reuters.com/.

53. Peter F. Drucker, *Managing in Turbulent Times* (Nueva York: Harper-Collins, 1980).

CAPÍTULO DOS

1. Warren E. Buffett, "Buy American. I am". *The New York Times,* 16 de octubre del 2008.

2. Caroline Brothers, "Budget airlines' strategy is split", *International Herald Tribune,* 18 de noviembre del 2008, http://www.iht.com/.

3. Ibíd.

4. Christian Weinberg y Tasneem Brogger, "Sterling Airlines of Denmark is Declared Bankrupt", Bloomberg, 29 de octubre del 2008, http://www.bloomberg.com/.

5. Richard F. Dobbs, Tomas Karakolev y Francis Malige, "Learning to Love Recessions", *McKinsey Quarterly,* junio del 2002, http://www.mckinseyquarterly.com/.

6. La información y comentarios sobre Goldman Sachs provienen de diversas fuentes: "Record Earnings Seen for Goldman Sachs, Based on Hedge Funds", *International Herald Tribune,* 8 de octubre del 2007; "Goldman Sachs Escaped Subprime Collapse by Selling Subprime Bonds Short", *Daily Reckoning,* 19 de octubre del 2007; "Southern National Bancorp Reports 3rd Quarter After-

Tax Profit of $588 Thousand, an Increase of 26 Percent Over the Same Quarter of 2007, Before Loss on Freddie Mac Perpetual Preferred Stock of $1.3 Million", *iStockAnalyst,* 27 de octubre del 2008, http://www.istockanalyst.com/; "AIG's Fed Bailout Reaches $143.8 Billion", *TheStreet.com,* 31 de octubre del 2008, http://www.thestreet.com/; y Frank H. Knight, *Risk, Uncertainty, and Profit* (Boston, MA: Hart, Schaffner & Marx; Houghton Mifflin, 1921), según la referencia en "Frank Knight", Wikipedia, http://en.wikipedia.org/.

7. Rita McGrath, "Cut Costs like Avon — Not Home Depot", *Harvard Business Online,* 29 de agosto del 2008; disponible en http://www.businessweek.com/.

8. Joseph A. Ávila, Nathaniel J. Mass y Mark P. Turchan, "Is Your Growth Strategy Your Worst Enemy?" *McKinsey Quaterly,* mayo de 1995, http://www.mckinseyquarterly.com/.

9. Diamond Management & Technology Consultants, "Focus, Not Across-the-Board Budget Cuts, the Key to Success during a Recession", boletín de prensa, 13 de octubre del 2008, disponible en http://ca.news.finance.yahoo.com/.

10. Ibíd.

11. "Opportunities —and Obstacles— for the B2B Market in Tough Economic Times", *Knowledge@Wharton,* 29 de octubre del 2008, http://www.knowledge.wharton.upenn.edu/.

12. "10 Worst Innovation Mistakes in a Recession", *BusinessWeek,* 13 de enero del 2008, http://www.businessweek.com/.

13. Ian Davis, "Learning to Grow Again", *McKinsey Quarterly,* febrero del 2004, http://www.mckinseyquarterly.com/.

14. Nuestra lista de los tres mayores errores de marketing que se deben evitar proviene de Steve McKee, "Five Don'ts for Marketing in Tough Times", *BusinessWeek,* 11 de julio del 2008, http://www.businessweek.com/.

15. "10 Worst Innovation Mistakes in a Recession", *BusinessWeek.*

16. Diamond Management & Techonology Consultants, "Focus, Not Across-the-Board Budget Cuts, the Key to Success During a Recession".

17. "New menu items, $1 menu, game boost McDonald's sales", *Chicago Tribune,* 10 de noviembre del 2008, http://www.chicagotribune.com/.

18. "Coffee wars", *The Economist,* 10 de enero del 2008, http://www.economist.com/.

19. "Starbucks profit falls 97 percent on fewer customers and rising costs", *LA Times,* 11 de noviembre del 2008, http://www.latimes.com/.

20. Bill Tancer, "Brewing Battle: Starbucks vs. McDonald's", *Time,* 10 de enero del 2008, http://www.time.com/.

21. Brad Sugars, "7 Biggest Mistakes in Setting Prices", *Entrepreneur.com.* 26 de agosto del 2008, http://www.entrepeneur.com/.

22. "Transactional Customers vs. Relational Customers", Adcouver Blog, puesto en Internet el 20 de febrero del 2006, http://www.ashtonmedia.blogspot.com/.

23. Diamond Managemnt & Technology Consultans, "Focus, Not Across-the-Board Budget Cuts, the Key to Success During a Recession".

24. Richard Blandy et al., *Does Training Pay? Evidence from Australian Enterprises,* (Adelaide: National Centre for Vocational Education Research, 2002), http://www.ncver.edu.au/.

25. Stephen Kozicki, *The Creative Negotiator* (Sidney Bennelong Publishing, 2005).

26. Jane C. Linder y Brian McCarthy, "When Good Management Shows, Creating Value in an Uncertain Economy" (informe de investigación, Accenture Institute for Strategic Change, Cambridge, MA, septiembre del 2002) http://www.acenture.com/.

27. "Heads will roll at Citi", *Economist.com,* 17 de noviembre del 2008, http://www.economist.com/; "Citigroup Troubles Grow",

U.S. News & World Report, 14 de noviembre del 2008, http://www.usnews.com/; y Reuters, "Citigroup gets massive government bailout", 24 de noviembre del 2008.

CAPÍTULO TRES

1. Lord John Browne, "Lord Goold Memorial Lecture: Marketing Strategy" (discurso, Bradford University, Londres, 23 de noviembre del 2001), http://www.bp.com/.

2. Michael Lewis, "The End", *Portfolio.com,* diciembre del 2008, http://www.portfolio.com/.

3. Lowell Bryan y Diana Farrell, "Leading through uncertainty", *McKinsey Quarterly,* diciembre del 2008, http://www.mckinseyquarterly.com/.

4. Andrew S. Grove, *Only the Paranoid Survive* (Nueva York: Currency Doubleday Random House Publishers, 1999).

5. "As Goldman and Morgan Shift, a Wall St. Era Ends", *The New York Times,* 21 de septiembre del 2008, http://dealbook.blogs.nytimes.com/.

6. Gary Hamel y Liisa Välikangas, "The Quest for Resilience", *Harvard Business Review,* septiembre del 2003.

7. George S. Day y Paul J. H. Schoemaker, *Peripheral Vision: Detecting the Weak Signals That Will Make or Break Your Company* (Cambridge MA: Harvard Business School Press, 2006).

8. George S. Day y Paul J.H. Schoemaker, "Scanning the Periphery", *Harvard Business Review,* noviembre del 2005.

9. Ibíd.

10. Ibíd.

11. Benjamin Gilad, *Early Warning: Using Competitive Intelligence to Anticipate Market Shifts, Control Risk, and Create Powerful Strategies* (Nueva York: AMACOM, 2003).

12. "Honda opens new plant while Big Three wither", *Domain-B.Com,* 20 de noviembre del 2008, http://www.domain-b.com/.

13. Peter Schwartz, *Inevitable Surprises: Thinking Ahead in a Time of Turbulence* (Nueva York: Gotham Books, 2004).

14. "Scenario Planning", Wikipedia, http://en.wikipedia.org/.

15. Hugh G. Courtney, Jane Kirkland y S. Patrick Viguerie, "Strategy under uncertainty", *McKinsey Quarterly,* junio del 2000, http://www.mckinseyquarterly.com/.

16. David J. Snowden y Mary E. Boone, "A Leader's Framework for Decision Making", *Harvard Business Review,* noviembre del 2007.

17. Ibíd.

18. Este método se describe en "Scenario Planning", Wikipedia.

19. Ibíd.

20. Paul Krugman, "Lest We Forget", *The New York Times,* 27 de noviembre del 2008, http://www.nytimes.com/.

21. Southwest Airlines, "Southwest Airlines Reports Fourth Quarter Earnings and 35th Consecutive Year of Profitability", boletín de prensa, 23 de enero del 2008, http://www.southwest.com/.

22. Kevin Buehler, Andrew Freeman y Ron Hulme, "The Risk Revolution | The Strategy: Owning the Right Risks", *Harvard Business Review,* septiembre del 2008.

CAPÍTULO CUATRO

1. G.K. Chesterton, *The Scandal of Father Brown* (Nueva York: Dodd, Mead & Co. 1935).

2. "2008 U.S. Bank Failures Now Stands at 22", blog Clips & Comment, 25 de noviembre del 2008, http://www.clipsandcomment.com/.

3. Términos originales en inglés: *Responsiveness, Robustness, Resilience,* Wikipedia, http://en.wikipedia.org/.

4. Hermann Simon, *Hidden Champions: Lessons from 500 of the World's Best Unknown Companies* (Cambridge MA: Harvard Business School Press, 1996).

5. Hermann Simon, *Hidden Champions of the Twenty First Century* (Nueva York: Springer Publishing Company, 2009).

6. Wesley R. Elsberry, "Punctuated Equilibria", The Talk Origins Archive, http://www.talkorigins.org/.

7. Simon, *Hidden Champions of the 21ª Century*.

8. Lucy Kellaway, "The year of the CFO", *The Economist,* 19 de noviembre del 2008, http://www.economist.com/.

9. "Take a deep breath", *The Economist,* 19 de enero del 2006, http://www.economist.com/.

10. Ibíd.

11. Richard Dobbs, Tomas Karakolev y Rishi Raj, "Preparing for the next downturn", *McKinsey Quarterly,* abril del 2007, http://www.mckinseyquarterly.com/.

12. Ibíd.

13. Ibíd.

14. Ibíd.

15. Brian Murray y el cliente de Gartner citados por Alan Cane, "How to survive an IT squeeze", *Financial Times,* 4 de noviembre del 2008, http://www.ft.com/.

16. James M. Kaplan, Rober P. Roberts y Johnson Sikes, "Managing IT in a downturn: Beyond cost cutting", *McKinsey Quarterly,* septiembre del 2008, http://www.mckinseyquerterly.com/.

17. Hugh Pinkus, "Surviving a Recession: Keeping Manufacturing Profits Up When the Economy is Down", *Industry Week,* 24 de octubre del 2008, http://www.industryweek.com/.

18. Ibíd.

19. "Partners in wealth", *The Economist,* 19 de enero del 2006, http://www.economist.com/.

20. Ibíd.

21. Pinkus, "Surviving a Recession: Keeping Manufacturing Profits Up When the Economy is Down", *Industry Week.*

22. Fayazuddin A. Shirazi, "10 Actions to Ride Out a Recession", *Chief Executive,* julio–agosto del 2008, http://www.chiefexecutive.net/.

23. Chip W. Hardt, Nicolas Reinecke y Peter Spiller, "Inventing the 21ˢᵗ Century puprchasing organization", *McKinsey Quarterly,* noviembre del 2007, http://www.mckinseyquarterly.com/.

24. Brian R. Robinson, "Purchasing Best Practices: Ten Keys to Effective Purchasing", Institute of Management Consultant, 20 de marzo del 2006, http://www.imcstlouis.org/.

25. Lindsay Blakely, "How to Manage Your Team in a Downturn (and Come Out on Top)", *BNET.com,* 23 de junio del 2008, http://www.bnet.com/.

CAPÍTULO CINCO

1. Fred Geyer y Chiaki Nishino, "Making Marketing Smarter Amidst the Cuts", *Prophet Newsletter,* diciembre del 2008, http://www.prophet.com/.

CAPÍTULO SEIS

1. Carl von Clausewitz, *On War,* traducción al inglés de Michael Howard y Peter Paret, (Princeton, NJ: Princeton University Press, 1976; edición revisada 1984), basada en el original alemán *Vom Krieg* (Berlin: Dummlers Verlag, 1832).

2. Lenny T. Mendonca y Jeremy Oppenheim, "Investing in sustainability: An interview with Al Gore and David Blood", *McKinsey Quarterly,* mayo del 2007, http://www.mckinseyquarterly.com/.

3. "The Essential Tension: How to Reconcile New vs. Old to Achieve Breakthrough Innovation in a Large Organization", presentación hecha por Vijay Govinkarajan en *Leaders in London,* Londres, Reino unido, 4 de diciembre del 2008.

4. Ibíd.

5. Roland Jones, "Chinese automakers are looking west", MS-NBC.com, 26 de abril del 2007, http://www.msnbc.msn.com/.

6. Harris Interactive, "Seventy-One Percent of Consumers Say the Reputation of Corporate America is 'Poor,' but Consumers Will Buy, Recommend, and Invest in Companies that Concentrate on Building Their Corporate Reputation", boletín de prensa, 23 de junio del 2008, http://www.harrisinteractive.com/.

7. "100 Best Companies to Work For, 2008" *Fortune,* http://money.cnn.com/.

8. Fred Reichheld, *The Ultimate Question* (Cambridge, MA: Hrvard Business School Press, 2001).

9. Ibíd.

10. Chris Lauer, "Loyalty Rules! How Today's Leaders Build Lasting Relationships", reseña de *Loyalty Rules!,* de Frederick F. Reichheld, *BusinessWeek,* 10 de junio del 2008, http://www.businessweek.com/.

11. Rajendra S. Sisodia, David B. Wolfe y Jagdish N. Sheth, *Firms of Endearment* (Upper Saddle River, NJ: Wharton School Publishing, 2007).

12. Julia Flynn, "The Biology of Business", reseña de *The Living Company: Habits for Survival in a Turbulent Business Environment,* por Arie de Geus, *BusinessWeek,* 4 de julio de 1997, http://www.businessweek.com/.

13. Aries de Geus, *The Living Compañny* (MA: Longview Publishing Ltd. 2002).

14. Philip Kotler y Nancy R. Lee, *Corporate Social Responsibility: Doing the Most Good for Your Company and Your Cause* (Nueva York: John Wiley, 2005),

15. Emma Daly, "Spain Court Refuses to Extradite Man G.M. Says Took Its Secrets", *The New York Times,* 20 de junio del 2001.

16. James H. Gilmore y B. Joseph Pine II, *Authenticity: What Consumers Really Want* (Cambridge MA: Harvard Business School Publishing, 2007).

SOBRE LOS AUTORES

Philip Kotler, considerado por muchos el padre del marketing moderno, es profesor distinguido de la cátedra S. C. Johnson & Son de Marketing Internacional en la Escuela Kellogg de Gerencia de Northwestern University. Obtuvo su maestría en la Universidad de Chicago y el doctorado en el MIT, ambos en economía. Adelantó un posgrado en matemáticas en la Universidad de Harvard y en ciencias del comportamiento en la Universidad de Chicago. Ha publicado ya la decimotercera edición de su libro *Marketing Development,* que es el libro de texto más usado para enseñar marketing en los cursos de maestría en administración de empresas. También ha publicado *Marketing Models, Principles of Marketing, Strategic Marketing for Nonprofit Organizations, Social Marketing, Marketing Places, Corporate Social Responsibility* y otros 30 libros. Sus investigaciones cubren marketing estratégico, innovación, marketing de consumidores, marketing empresarial, marketing de servicios, distribución, marketing electrónico y marketing social. Ha sido consultor para IBM, Bank of America, Merck, Ford, General Electric, Honeywell y muchas otras compañías. Ha recibido 12 grados *honoris causa* de las principales universidades de los Estados Unidos y del extranjero.

John A. Caslione es un reconocido experto en la economía global que ha puesto en práctica estrategias empresariales en 88 países de 6 continentes. Se desempeña como asesor y consejero de compañías grandes y medianas, entre las que figuran ABB, Becton-Dickenson Biosciences, Caltex Lubricants, ExxonMobil, GE, Hewlett-Packard, Johnson & Johnson, IBM y Philips N.V. Es el fundador y presidente de fusiones globales y asesor de adquisiciones de GCS Business Capital LLC, y fue también fundador y presidente de Andrew-Ward International, Inc., una empresa internacional de consultoría gerencial. Es orador principal en muchas conferencias alrededor del mundo y profesor invitado de la Escuela Kellogg de Negocios de Northwestern University, en la que habla sobre economía global, marketing global y desarrollo empresarial global, incluyendo mercados emergentes. Ha escrito cuatro libros sobre globalización y desarrollo de estrategias empresariales globales, incluyendo mercados emergentes. Obtuvo su maestría en administración de empresas en la Universidad de Nueva York (Buffalo) y su doctorado en jurisprudencia en Chicago-Kent College of Law (Chicago). Es miembro fundador del primer club rotario de habla inglesa de Frankfurt, Alemania, fundado en el 2006.